COM_A_3070_04. Elaboración de inventarios de mercancías

Gustavo Abelaira Sarmiento

ic editorial

COM_A_3070_04. Elaboración de inventarios de mercancías
© Gustavo Abelaira Sarmiento

1ª Edición

© IC Editorial, 2026

Editado por: IC Editorial
c/ Cueva de Viera, 2, Local 3
Centro Negocios CADI
29200 Antequera (Málaga)
Teléfono: 952 70 60 04
Fax: 952 84 55 03
Correo electrónico: iceditorial@iceditorial.com
Internet: www.iceditorial.com

ISBN: 979-13-7027-147-3
Depósito Legal: MA 217-2026

Impresión: PODiPrint
Impreso en Andalucía – España

Nota de la editorial: IC Editorial pertenece a Innovación y Cualificación S. L.

Presentación del manual

El **Certificado Profesional,** anteriormente llamado Certificado de Profesionalidad, constituye el Grado C en el Sistema de Formación Profesional, asociado a un perfil profesional. Acredita la capacitación para el desarrollo de una actividad profesional concreta a través de las competencias adquiridas. Tiene carácter parcial y acumulable cuando existan Ciclos Formativos (Grado D) en los que sus módulos profesionales se encuentren contenidos en su totalidad o en parte.

El elemento mínimo acreditable es el **Estándar de Competencia.** La suma de las acreditaciones de los Estándares de Competencia conforma la acreditación del **Módulo Profesional** (Grado B).

Un Estándar de Competencia se define como una agrupación de tareas productivas que realiza el profesional. Los diferentes Estándares de Competencia de un Certificado Profesional conforman la **Competencia General.** Definiendo el conjunto de conocimientos y capacidades que permiten el ejercicio de una actividad profesional determinada.

Cada Estándar o Estándares de Competencia lleva asociado un Módulo Profesional, donde se describe la formación necesaria para adquirir ese Estándar de Competencia, pudiendo dividirse en **Bloques Formativos** (Grado A).

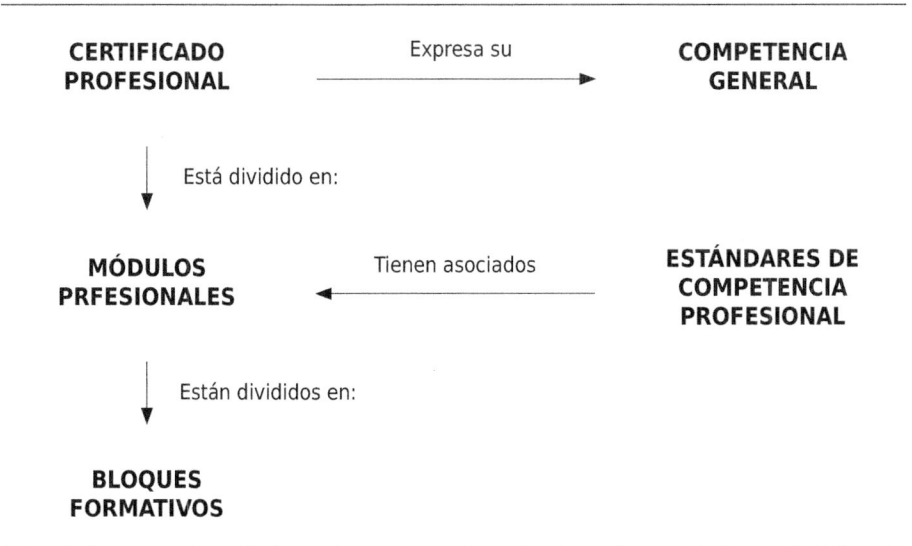

El presenta manual desarrolla el Bloque Formativo **COM_A_3070_04. Elaboración de inventarios de mercancías**

Perteneciente al Módulo Profesional **COM_B_3070. Operaciones auxiliares de almacenaje ,**

Asociado al Estándar/Estándares de Competencia:

⇨ **UC1325_1:** Realizar las operaciones auxiliares de recepción, colocación, mantenimiento y expedición de cargas en el almacén de forma integrada en el equipo.
⇨ **UC0432_1:** Manipular cargas con carretillas elevadoras.

del Certificado Profesional **COM_C_001_3B. Actividades auxiliares de almacenaje**

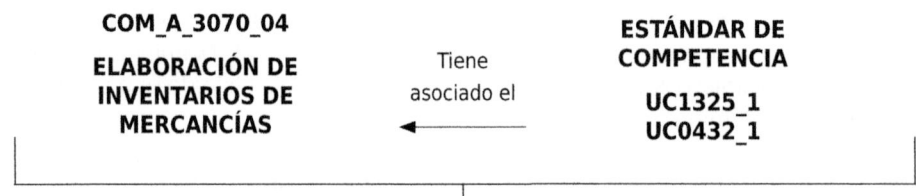

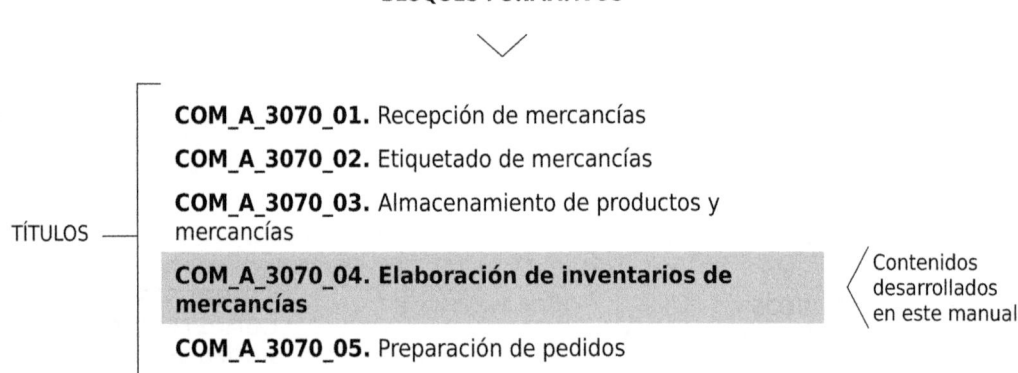

FICHA DE CERTIFICADO PROFESIONAL
COM_C_001_3B. ACTIVIDADES AUXILIARES DE ALMACENAJE (Real Decreto 212/2025, de 18 de marzo)

COMPETENCIA GENERAL: Realizar operaciones auxiliares de almacenaje de productos y mercancías, así como las operaciones de tratamiento de datos relacionadas, siguiendo protocolos establecidos, criterios comerciales y de imagen, operando con la calidad indicada, observando las normas de prevención de riesgos laborales y protección medioambiental correspondientes.

Estándares de Competencias Profesionales		Ocupaciones o puestos de trabajo relacionados
UC1325_1	Realizar las operaciones auxiliares de recepción, colocación, mantenimiento y expedición de cargas en el almacén de forma integrada en el equipo.	· Empleados/as de reposición. · Operarios/as de pedidos. · Carretilleros/as de recepción y expedición. · Contadores/as de recepción y expedición. · Operarios/as de logística. · Auxiliares de información.
UC0432_1	Manipular cargas con carretillas elevadoras.	
UC0973_1	Introducir datos y textos en terminales informáticos en condiciones de seguridad, calidad y eficiencia.	
UC0974_1	Realizar operaciones básicas de tratamiento de datos y textos, y confección de documentación.	

Correspondiencia con el Catálogo Modular de Formación Profesional		
Módulos profesionales	**Bloques formativos**	**Horas**
COM_B_3001. Tratamiento informático de datos (285 h)	COM_A_3001_01. Preparación de los equipos	50
	COM_A_3001_02. Grabación de datos y textos	90
	COM_A_3001_03. Tratamiento de textos	90
	COM_A_3001_04. Archivo e impresión	55
COM_B_3002. Aplicaciones básicas de ofimática (320 h)	COM_A_3002_01. Tramitación de información en línea	50
	COM_A_3002_02. Comunicaciones mediante correo electrónico	75
	COM_A_3002_03. Hojas de cálculo	135
	COM_A_3002_04. Elaboración de presentaciones gráficas	60
COM_B_3070. Operaciones auxiliares de almacenaje (140 h)	COM_A_3070_01. Recepción de mercancías	30
	COM_A_3070_02. Etiquetado de mercancías	20
	COM_A_3070_03. Almacenamiento de productos y mercancías	30
	COM_A_3070_04. Elaboración de inventarios de mercancías	30
	COM_A_3070_05. Preparación de pedidos	30
1782. Prevención de riesgos laborales		30

Índice

OBJETIVOS GENERALES

Los objetivos generales del **COM_A_3070_04. Elaboración de inventarios de mercancías,** son los siguientes:

- Describir la documentación técnica relacionada con el almacén.
- Relacionar el almacenaje mínimo con el tiempo de aprovisionamiento de proveedores y la demanda.
- Identificar los tipos de almacenajes, así como de inventarios y sus variables.
- Realizar el inventario de productos existentes en un almacén, elaborando partes de incidencia si fuese necesario y comunicando necesidades de reaprovisionamiento y roturas de *stock*.
- Señalar los mecanismos que se emplean para asegurar la renovación de almacenajes y el mantenimiento del *stock* mínimo.
- Identificar el sistema óptimo de reposición de *stocks* en función del tipo de almacén.
- Utilizar aplicaciones informáticas específicas de control de almacenes.
- Elaborar la información asociada al control del almacén, de manera ordenada, estructurada, clara y precisa, utilizando procesadores de texto y hojas de cálculo.
- Valorar la relevancia del control de almacén en la distribución comercial y en el proceso productivo.

Aprovisionamiento y almacén

Contenido

Objetivos

Los objetivos específicos de esta Unidad de Aprendizaje son:

→ Comparar ventajas y desventajas de los distintos sistemas de almacenaje.
→ Valorar la importancia del aprovisionamiento en la cadena logística.
→ Identificar los distintos tipos de almacenaje, inventarios y sus variables.

---

1. Introducción

Dentro del entramado logístico, donde cada vez existe más competencia, acortar los tiempos de entrega de los pedidos y optimizar todos los procesos que ello conlleva se han convertido en factores diferenciales a la hora de conseguir la satisfacción de los clientes. Por ello, las tareas de aprovisionamiento y almacén han adquirido especial relevancia desde un punto de vista estratégico, convirtiéndose en eslabones fundamentales dentro de la denominada cadena de suministro, ya que permiten no solo asegurar la disponibilidad de materiales y productos, sino también optimizar los recursos, reducir costos y mejorar la capacidad de respuesta ante la demanda del mercado.

Por un lado, el aprovisionamiento es una tarea compleja que engloba actividades como la planificación de necesidades, la búsqueda y selección de los proveedores, la consiguiente negociación y su posterior seguimiento y evaluación. Todas estas actividades deben estar orientadas a conseguir un suministro continuo y eficiente con el cual asegurar que la empresa sea capaz de cumplir con la demanda de sus clientes.

Por otro lado, cuando hablamos de almacén nos estamos refiriendo al espacio físico donde se van a recibir, almacenar, conservar y manipular todos los productos. Se trata de un enlace entre el aprovisionamiento o compra de materiales y su posterior distribución, permitiendo que los productos estén disponibles en el momento y lugar adecuados.

Es importante no tratar ambos conceptos de manera independiente, ya que se trata de dos espacios o tareas que deben complementarse. De este modo, un mal aprovisionamiento puede saturar el almacén con productos innecesarios o, por el contrario, generar desabastecimiento; mientras que una gestión ineficiente del almacén puede ralentizar las operaciones, dificultar el acceso a los materiales y encarecer el proceso logístico en su conjunto.

Además, en un entorno tan competitivo y globalizado, es necesario tener en cuenta los avances tecnológicos y la incidencia que han tenido en procesos como el aprovisionamiento y el almacenaje de productos. La nueva tecnología ha traído consigo mejoras como una mayor predicción de la demanda, la automatización de pedidos o el control de inventarios, lo que ha mejorado y agilizado toda la gestión logística en un mercado donde cada vez es más común el comercio electrónico como una de las más importantes fuentes de negocio e ingresos.

Por lo tanto, a lo largo de este contenido abordaremos en profundidad los procesos de almacenaje y de aprovisionamiento. En este caso, nuestra técnica de compras y almacenaje Saray tiene que conocer sus componentes esenciales, herramientas tecnológicas, modelos de gestión y mejores prácticas aplicadas en el ámbito logístico. Del buen uso de todas las herramientas disponibles dependerá, en gran parte, la consecución de los objetivos planteados y, por lo tanto, el éxito global de la empresa a la que pertenece.

2. Sistemas de almacenaje

 HILO CONDUCTOR

En la actualidad, los elementos y sistemas de almacenaje constituyen herramientas clave para lograr un flujo de materiales eficiente y garantizar la disponibilidad de los productos cuando sean demandados. Así pues, Saray debe comprender los distintos tipos de sistemas de almacenaje, sus aplicaciones y sus ventajas para así poder tomar decisiones logísticas bien fundamentadas.

La correcta organización del almacén es fundamental para alcanzar los objetivos establecidos por una empresa, ya que su principal propósito es coordinar eficazmente todas las actividades vinculadas al flujo de productos, desde las materias primas hasta los artículos terminados, abarcando todo el recorrido desde los proveedores hasta el cliente final.

Esta organización debe asegurar el diseño y la gestión eficiente de los dos flujos principales que circulan por el almacén: el de los materiales y el de la información. Ambos deben estar correctamente sincronizados desde su punto de origen hasta su destino final. Por tanto, el sistema organizativo del almacén debe garantizar que los productos y servicios lleguen al cliente con la cantidad exacta, el nivel de calidad requerido y dentro del plazo y lugar acordados.

En este contexto, existen una serie de aspectos clave que deben tenerse en cuenta al planificar la organización del almacén, como son:

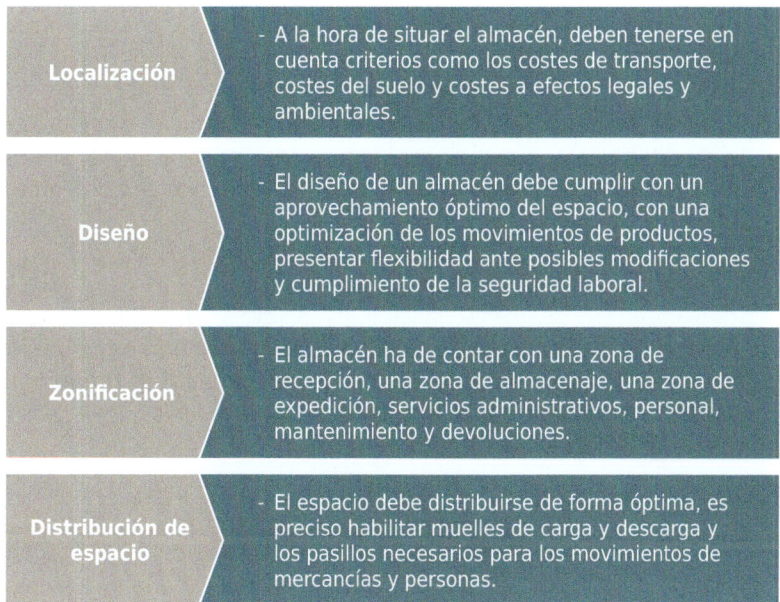

Localización	- A la hora de situar el almacén, deben tenerse en cuenta criterios como los costes de transporte, costes del suelo y costes a efectos legales y ambientales.
Diseño	- El diseño de un almacén debe cumplir con un aprovechamiento óptimo del espacio, con una optimización de los movimientos de productos, presentar flexibilidad ante posibles modificaciones y cumplimiento de la seguridad laboral.
Zonificación	- El almacén ha de contar con una zona de recepción, una zona de almacenaje, una zona de expedición, servicios administrativos, personal, mantenimiento y devoluciones.
Distribución de espacio	- El espacio debe distribuirse de forma óptima, es preciso habilitar muelles de carga y descarga y los pasillos necesarios para los movimientos de mercancías y personas.

Por otro lado, puesto que los almacenes son centros reguladores del flujo de mercancías que están estructurados y planificados para llevar a cabo funciones de almacenaje, las principales funciones y actividades que se realizan en el almacén son las siguientes:

- **Recepción de mercancías.** Consiste en dar entrada a los artículos enviados por los proveedores. Durante este proceso, se comprueba que los productos recibidos coinciden con la información que figura en el albarán o nota de entrega, así como que las características, la cantidad y la calidad se corresponde con el pedido.
- **Almacenamiento.** Se trata de ubicar la mercancía en la zona más idónea del almacén, con el fin de poder acceder a ella y localizarla fácilmente.
- **Conservación y mantenimiento.** Consiste en conservar la mercancía en perfecto estado mientras está almacenada. La custodia de la mercancía también comprende aplicar la legislación vigente sobre seguridad e higiene en el almacén y normas especiales sobre cuidado y mantenimiento de cada tipo de producto.
- **Gestión y control de existencias.** Es el cálculo de la cantidad que se debe almacenar de cada producto y la cantidad que debe ser solicitada en cada pedido para generar el mínimo coste de almacenamiento.
- **Expedición de mercancías.** Comienza cuando se recibe el pedido del cliente. El proceso consiste en seleccionar la mercancía, el embalaje adecuado y el medio de transporte.

SABÍAS QUE...

La cantidad ideal que se debe solicitar en cada pedido, y que permite minimizar los costes de almacenamiento, se denomina lote económico o volumen óptimo de pedido.

Con todo esto, para llevar a cabo una correcta gestión y organización del almacén, es fundamental tener conocimiento de una serie de conceptos que ayudarán a conseguir que tanto el flujo de materiales como el de información sean lo más eficientes posible:

Sistema de almacenamiento	- Debe ser el adecuado en función de los productos y de sus características. Además, debe favorecer una rápida disposición y localización, por lo que resulta fundamental el proceso de etiquetado, clasificación y codificación de productos.
Proceso de recepción de *stock*	- Debe realizarse de una manera determinada a la hora de ejecutar tareas como el cotejo de las entregas, el estado del producto y su embalaje y la ausencia de roturas o deterioros de materiales durante el trayecto.
Clasificación y codificación del *stock*	- Son tareas que permitirán una rápida localización de los productos y un mejor servicio al cliente, además de gestionar eficientemente aquellas mercancías que presentan una mayor o menor frecuencia de ventas.
Inventario	- Es el recuento físico de los productos que permite en todo momento mantener un control sobre las existencias reales de las que dispone el almacén, aspecto fundamental desde el punto de vista administrativo y contable.
Costes de almacenamiento	- Derivados del mantenimiento de los productos en el almacén, como pueden ser los diferentes alquileres del espacio o de la maquinaria, salarios, seguros o suministros.

IMPORTANTE

Dentro de un almacén existen diferentes términos a la hora de referirnos al conjunto de productos que allí existen, como son:

- *Stock* → Es el conjunto total de productos o materiales almacenados por una empresa en un momento determinado.
- Surtido → Hace referencia a la diversidad o variedad de productos disponibles en el *stock* (tallas, colores, etc.).
- Existencia → Es la cantidad real de unidades físicas que hay disponibles de un producto específico en el almacén en un momento determinado.

El stock es la cantidad de producto disponible mientras que el surtido se refiere a la cantidad de tipos diferentes de mercancías.

En cuanto al almacenamiento de mercancías, este hace referencia a todos aquellos soportes que llevan y contienen los productos durante el almacenamiento, la preparación del pedido y el transporte. Por este motivo, tenemos que diferenciar entre soportes de cargas y sistemas de almacenamiento. Los primeros son todos aquellos elementos que se utilizan para guardar, apilar y mover la mercancía, mientras que los segundos son los equipos disponibles en el almacén para su conservación.

Dentro de los denominados soportes de carga, podemos destacar los siguientes como aquellos más empleados en el almacenamiento de mercancías:

- **Cajas.** Son unidades de almacenaje para pequeños objetos mantenidos en *stock* en lotes medianos y extraídos en cantidades pequeñas. Es recomendable que sean encajables y apilables pudiendo ser de madera, cartón o plástico.

Las cajas son el embalaje más empleado en los almacenes debido, entre otras cosas, a su coste.

- **Bandejas.** Equipos previstos para almacenar piezas pequeñas en pequeñas cantidades.

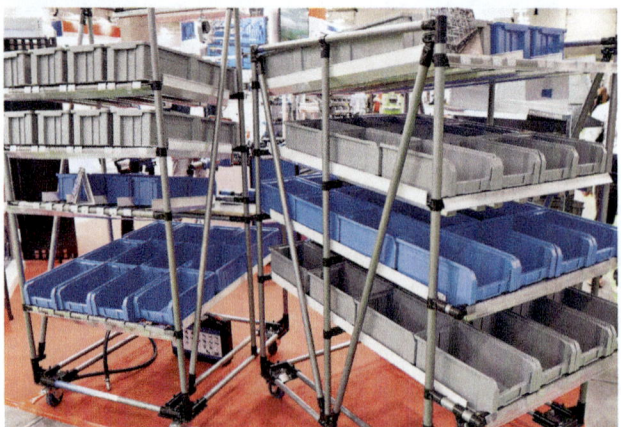

Las bandejas son muy útiles para el almacenaje y manipulación de mercancía de pequeñas dimensiones.

⇒ **Cajas-palé.** Palés con al menos tres paredes verticales, fijas o desmontables, provistos o no de tapaderas.

Las cajas-palé destacan por su versatilidad y conservación de productos, como es el caso de los perecederos.

⇒ **Contenedores.** Se suelen emplear en el transporte multimodal, donde se combinan diferentes modalidades de transporte como pueden ser aéreo y marítimo.

Los contenedores son empleados especialmente en puertos debido a su coste compartido y capacidad de almacenaje.

 ○ **Palé.** Es un armazón de madera, plástico u otro material empleado en el movimiento de carga, ya que facilita el levantamiento y manejo con carretillas elevadoras o transpaletas.

El palé es el soporte más universal, ya que agiliza y facilita todas las operaciones llevadas a cabo con productos.

Por otro lado, cuando hablamos de sistemas de almacenamiento, nos estamos refiriendo a aquellas estructuras que soportan la mercancía en cada uno de los soportes mencionados anteriormente. En este sentido, las estanterías son los sistemas más comunes empleados en todos los almacenes debido a su adaptabilidad, resistencia y costes. Existen una gran variedad de ellas en función del formato en que se almacene la mercancía, ya sea paletizada, en cajas, unidades sueltas, de grandes dimensiones, etc., y también en función del grado de automatización y utilidad que se quiera dar en los diferentes almacenes. Así, las principales estanterías empleadas para el almacenamiento son:

 ⇨ **Estantería de carga manual.** Sirve para todo tipo de producto, ya que la capacidad de carga de los estantes se ajusta a la mercancía que se pretende almacenar, pudiéndose realizar ampliaciones o modificaciones de forma rápida y sencilla.

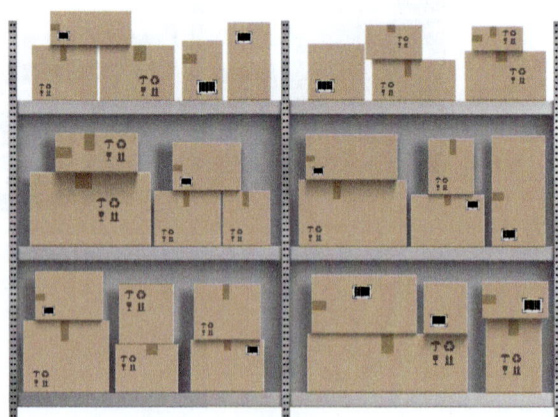

Las estanterías de carga manual pueden adaptarse a las distintas formas de las mercancías.

➲ **Estantería para _picking_.** Se trata de sistemas que disponen de divisores y bandejas equipadas con cajones para piezas pequeñas. Disponen de gravedad con canales adaptados al tamaño del producto, especialmente útiles cuando se dispone de muchas referencias y las cantidades son pequeñas o variables.

Las estanterías para picking agilizan el proceso de preparación de pedidos.

➲ **Estanterías convencionales.** Es la solución más simple y utilizada, ya que son estanterías que se ajustan a los palés y ofrecen acceso directo a todos ellos. La altura del nivel de carga está limitada a las dimensiones del almacén y del equipo de manutención utilizado. Son especialmente útiles para el almacenaje de productos heterogéneos de muchas referencias y baja rotación.

Las estanterías convencionales son empleadas para mercancía paletizada de diferentes tamaños.

➲ **Estanterías compactas.** Permiten el almacenaje en bloque y son muy útiles especialmente para productos homogéneos y para necesidades de alta densidad de almacenamiento. La utilización del espacio es máxima, reduciendo las zonas de tránsito y aumentando los volúmenes de *stock*.

Las estanterías compactas son empleadas cuando gestionamos numerosas mercancías del mismo tipo.

➲ ***Drive in.*** Este sistema permite almacenar la mercancía en un mínimo de pasillos que faciliten el paso de carretillas elevadoras entre ellos. Las estanterías están situadas formando calles interiores de carga con carriles donde se apoyan los palés.

El sistema drive in permite optimizar el espacio dedicado al almacenaje.

➲ **Drive through.** Permiten acceder a la mercancía por ambos lados cumpliendo la máxima de que la primera mercancía en entrar sea la primera en salir (método FIFO). Son estanterías con inclinación que permiten el almacenamiento de grandes cantidades, especialmente productos perecederos.

Las drive through permiten extraer mercancía por ambas caras de la estructura de almacenaje.

➲ **Estanterías móviles.** Son estanterías que se desplazan, colocándose sobre bases móviles o carriles en el suelo. Se eliminan pasillos y se mantiene el acceso directo a los palés, ya que el operario, mediante un mando a distancia, selecciona la base a la que quiere acceder y las estanterías se abren permitiendo acceder al pasillo necesario para cargar o descargar la mercancía.

El sistema móvil ahorra espacio del almacén al reducir el área destinada al almacenaje.

● **Estanterías autoportantes.** Sistema que permite almacenar a gran altura aprovechando toda la superficie del almacén. Se utilizan cuando la rotación de los productos es alta y precisan del uso de carretillas retráctiles, trilaterales y transelevadores para manipular la mercancía.

El almacén autoportante es un espacio donde toda la estructura está destinada al almacenaje de productos.

● **Estanterías cantiléver.** Son especialmente aptas para el almacenamiento de material largo y piezas voluminosas. En este sistema, los brazos (horizontales) van empotrados en las columnas (verticales). A pesar de soportar cargas altas, el brazo suspendido mantiene una flexibilidad que le permite desplazarse frente a impactos de la máquina o mercancía sin deformarse.

El cantiléver es un sistema que se emplea para mercancías de grandes dimensiones.

Las estanterías que almacenan productos cuyo embalaje consiste en un palé se denominan *racks.*

 VÍDEO

La empresa Mecalux es una de las más reconocidas a nivel mundial a la hora de proporcionar soluciones logísticas. Puedes acceder al siguiente enlace para ver el funcionamiento de un almacén que cuenta con estanterías autoportantes, entre otros sistemas:

https://redirectoronline.com/3070040101

 ACTIVIDAD COMPLEMENTARIA

1. Realiza un análisis sobre la inversión en tecnología y automatización de los almacenes en la actualidad. Busca en internet información sobre las prácticas más comunes. ¿Cuáles son las más empleadas?

Estrechamente relacionado con los sistemas de almacenamiento que hemos visto, se encuentra el inventario de los productos, uno de los procesos de mayor importancia dentro de lo que conocemos como cadena de suministro. Se trata de todos los productos que la empresa dispone en un momento determinado para su posterior utilización o venta, y es una herramienta clave para evitar tanto la escasez como el excesivo almacenamiento de las mercancías.

Hay que destacar que cada tipo de inventario cumple una función específica en el flujo logístico, de modo que es preciso identificar y clasificar correctamente los distintos tipos que pueden coexistir dentro de una empresa. Por ello, es muy común encontrarnos los siguientes tipos en el transcurso de la actividad de las empresas logísticas:

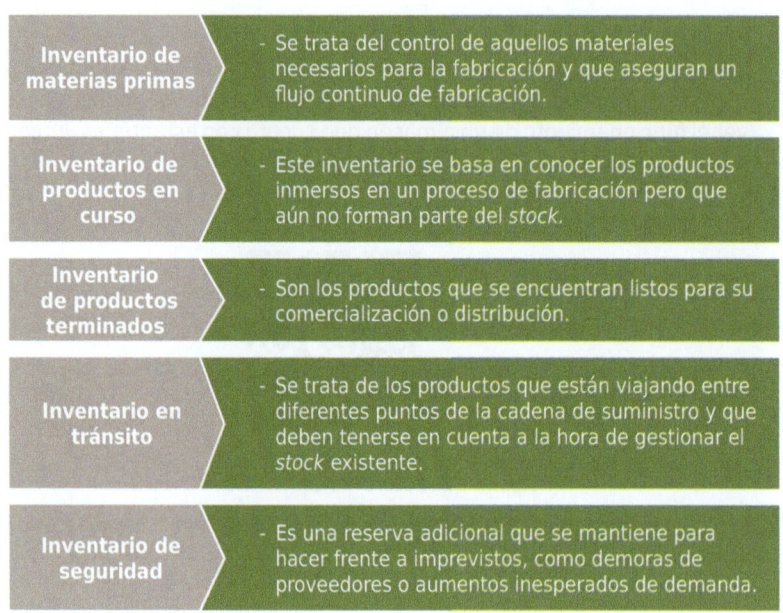

Inventario de materias primas	- Se trata del control de aquellos materiales necesarios para la fabricación y que aseguran un flujo continuo de fabricación.
Inventario de productos en curso	- Este inventario se basa en conocer los productos inmersos en un proceso de fabricación pero que aún no forman parte del *stock*.
Inventario de productos terminados	- Son los productos que se encuentran listos para su comercialización o distribución.
Inventario en tránsito	- Se trata de los productos que están viajando entre diferentes puntos de la cadena de suministro y que deben tenerse en cuenta a la hora de gestionar el *stock* existente.
Inventario de seguridad	- Es una reserva adicional que se mantiene para hacer frente a imprevistos, como demoras de proveedores o aumentos inesperados de demanda.

Además, la gestión de inventarios y el almacenaje de los productos se encuentran especialmente condicionados por una serie de factores de carácter interno y externo que pueden afectar de manera negativa al almacén mediante la aparición de incidencias, roturas de *stock* o el almacenamiento excesivo de determinadas mercancías. En ese sentido, podemos clasificar dichas variables de la siguiente manera:

➲ **Variables internas:**

   ᶙ **Rotación:** mide la frecuencia con la que se renueva el *stock*, es decir, una alta rotación indica buena gestión, mientras que una baja puede representar exceso de inventario o productos obsoletos.
   ᶙ **Capacidad de almacenaje:** el espacio físico disponible supone un límite a la cantidad y tipo de productos que pueden ser almacenados.
   ᶙ **Tecnología:** emplear sistemas informáticos como SGA o ERP puede mejorar notablemente la gestión de los inventarios.

- **O** **Política de aprovisionamiento:** determina los tiempos y cantidades de reposición, afectando directamente a los niveles de *stock* y el uso del espacio.

- ⮑ **Variables externas:**

  - **O** **Demanda:** los cambios en el comportamiento del consumidor, las modas o la estacionalidad pueden afectar a los niveles de inventario necesarios.
  - **O** **Condiciones del proveedor:** una relación de escasa confianza con el proveedor puede obligar a las empresas a disponer de un inventario de seguridad ante posibles retrasos o imprevistos.
  - **O** **Factores económicos:** la inflación, tasas de interés o costos de almacenamiento afectan a las decisiones sobre cuánto y cuándo almacenar.

 TAREA 1

Una empresa dedicada a la distribución de medicamentos y productos farmacéuticos a nivel nacional ha decidido instalar estanterías que se compactan sobre carriles en el suelo para optimizar el espacio de almacenaje, ya que el volumen de productos creció de forma considerable en el último año.

La empresa trabaja principalmente con productos terminados listos para su distribución a farmacias y clínicas y productos que serán utilizados en caso de que ocurriera algún imprevisto. Si bien la rotación de productos es alta, hay dificultades en la preparación de pedidos urgentes por la falta de digitalización total. Además, la empresa depende en gran medida de los tiempos de entrega de los laboratorios proveedores, que pueden variar según la zona geográfica y el tipo de medicamento.

¿Qué sistema de almacenaje e inventario utiliza esta empresa y qué variables afectan a su gestión?

3. Sistemas de reposición de las mercancías

☞ HILO CONDUCTOR

Como el objetivo primordial de toda empresa es dar un servicio de calidad a todos los clientes, una de las labores de Saray es seleccionar el método de reposición más adecuado, de manera que el producto se encuentre disponible en el momento y forma solicitado por el cliente sin incurrir en sobrecostes innecesarios y generando el mayor beneficio posible para su empresa.

Los sistemas de reposición de mercancías empleados por las diferentes empresas son una herramienta clave a la hora de conseguir un flujo constante de productos, y se pretende con ellos lograr un equilibrio entre el nivel de *stock* y la demanda, evitando así los excesos que pueden afectar a los costos de almacenamiento.

Así pues, es necesario tener en cuenta los diferentes factores que pueden hacer más compleja esta labor de reposición, como son la variabilidad de la demanda, los plazos de entrega de los diferentes proveedores, la capacidad de almacenamiento y las políticas internas de inventario.

Por todo esto, es importante entender la importancia de la reposición de mercancías como una labor que ayudará a lograr una eficiencia operativa de la logística de la empresa, una reducción de costes y una mejora del servicio ofrecido al cliente final.

La función de los sistemas de reposición es determinar cuándo y cuánto se debe reabastecer un inventario manteniendo unos niveles óptimos de *stock* suficientes para atender la demanda de los clientes y evitar la aparición de roturas de *stock* y sobrealmacenamientos que incrementen los costos operativos. La elección de un sistema u otro dependerá del estudio llevado a cabo evaluando aspectos como el tipo de producto, su rotación, el espacio disponible y la variabilidad de la demanda.

 **DEFINICIÓN**

Stock óptimo
Representa el nivel de mercancías que garantiza el cumplimiento de la demanda de los clientes minimizando al máximo los costos asociados.

Por ello, entre los sistemas de reposición más empleados podemos destacar:

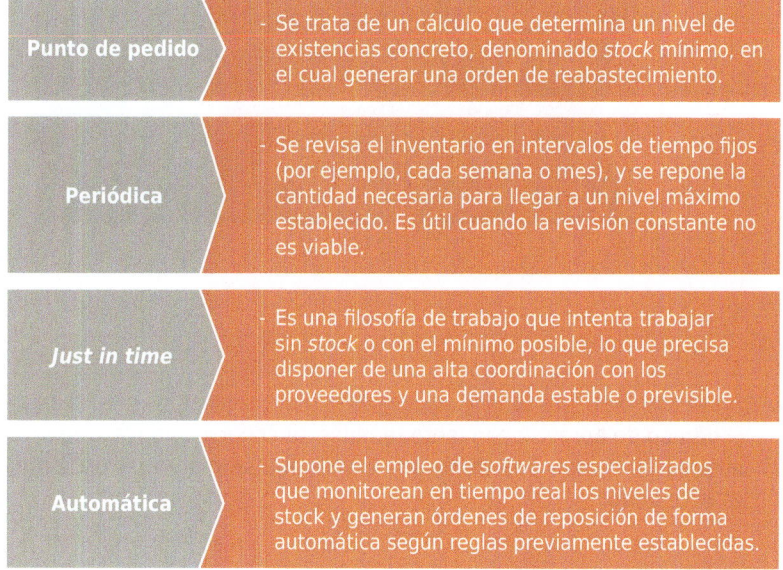

Punto de pedido — Se trata de un cálculo que determina un nivel de existencias concreto, denominado *stock* mínimo, en el cual generar una orden de reabastecimiento.

Periódica — Se revisa el inventario en intervalos de tiempo fijos (por ejemplo, cada semana o mes), y se repone la cantidad necesaria para llegar a un nivel máximo establecido. Es útil cuando la revisión constante no es viable.

Just in time — Es una filosofía de trabajo que intenta trabajar sin *stock* o con el mínimo posible, lo que precisa disponer de una alta coordinación con los proveedores y una demanda estable o previsible.

Automática — Supone el empleo de *softwares* especializados que monitorean en tiempo real los niveles de stock y generan órdenes de reposición de forma automática según reglas previamente establecidas.

Relacionado con la reposición de productos y la consiguiente gestión de inventarios, podemos señalar dos aspectos fundamentales que ayudan a las empresas a poder gestionar de manera eficaz los pedidos de sus clientes. Por un lado, se encuentra el denominado *stock* mínimo, el cual representa la cantidad mínima que un almacén debe tener para evitar desabastecimientos de sus productos ante incidencias o imprevistos que pueden ocurrir, como variaciones inesperadas en la demanda o retrasos en el suministro.

Por otro lado, se encuentra el *stock* de seguridad, que es aquel nivel de productos almacenados por encima del necesario para que los imprevistos mencionados en el párrafo anterior no supongan un incumplimiento de servicio al cliente.

Por todo esto, a la hora de determinar cuál es la cantidad mínima que debe ser almacenada con el objetivo de hacer frente a la demanda, hay que tener en cuenta dos variables de suma importancia:

Tiempo de aprovisionamiento
- Se trata de una variable que determinará si el *stock* mínimo debe ser de mayor o menor volumen. Por ejemplo, si el tiempo de aprovisionamiento es largo o incierto, será necesario mantener un mayor *stock* mínimo para cubrir posibles demoras; por el contrario, si el aprovisionamiento es ágil y confiable, el *stock* mínimo puede ser más reducido.

Demanda esperada
- Esta variable tiene un funcionamiento similar al aprovisionamiento, ya que ante una demanda estable los niveles de *stock* mínimo pueden mantenerse bajos; sin embargo, cuando la demanda es estacional o menos predecible, es preferible optar por un *stock* mínimo más alto para protegerse de imprevistos.

SABÍAS QUE...

El tiempo de aprovisionamiento también se conoce como *lead time,* que es el periodo de tiempo que transcurre desde que se realiza un pedido hasta que es entregado.

EJEMPLO

Para garantizar la disponibilidad de los productos, es preciso determinar el *stock* mínimo determinando cuándo reabastecer el almacén mediante el sistema de reposición punto de pedido. Se trata de una métrica que tiene en cuenta las variables mencionadas y cuya fórmula es:

(Demanda Media (Dm) × Tiempo de aprovisionamiento (Ta)) + *Stock* de seguridad (SS)

Continúa en página siguiente >>

<< Viene de página anterior

Llevado a un caso real, pensemos en una empresa que venda 100 uds. de su producto al día y recibe el reabastecimiento de su proveedor cada 7 días. Por lo tanto, es lógico disponer de 700 uds. más *(stock* de seguridad) por si la entrega esperada del proveedor no llega a producirse en el tiempo previsto.

Ejemplo aplicado:

Una ferretería con alta rotación de herramientas esenciales debe establecer su *stock* mínimo considerando:

- El tiempo de entrega promedio es de 5 días por parte de los proveedores.
- La demanda diaria es de 200 uds.
- Teniendo en cuenta que el *stock* de seguridad debe cubrir la falta de abastecimiento (1.000 uds.), el punto de pedido sería:
- (Demanda Media (Dm) × Tiempo de aprovisionamiento (Ta)) + *Stock* de seguridad (SS)
- (200 x 5) + 1.000 = 2.000 uds.

Se interpreta que, cuando el almacén llegue a un nivel mínimo de 2.000 uds., debe generarse una reposición de los productos.

Otro aspecto importante dentro de los procesos de reposición de mercancías es el empleo de mecanismos y herramientas que ayuden a los responsables de dicha gestión a poder realizar una correcta planificación, monitoreando todas las operaciones con el objetivo de asegurarse de que los productos estarán disponibles cuando el cliente los solicite.

De esta manera, los almacenes utilizan diferentes métodos para trabajar con niveles de almacenaje y *stock* adecuados a la demanda prevista:

- **Automatización de pedidos.** Insertando los datos adecuados, los sistemas informáticos pueden generar alertas y pedidos automáticos para agilizar el proceso de reposición y minimizar errores humanos.
- **Indicadores de gestión.** Se trata de datos que ayudan a los responsables a tomar decisiones relacionadas con la política de reposición para mantener el *stock* dentro de niveles óptimos. Por ejemplo:

  - El índice de rotación mide cuántas veces se renuevan los productos en un periodo de tiempo determinado.
  - El índice de servicio ofertado mide la cantidad de pedidos entregados sin retrasos.

➲ **Revisiones cíclicas.** La revisión periódica de inventarios, incluso con conteos cíclicos, permite identificar desviaciones entre el inventario teórico y el real, lo que ayuda a tomar decisiones oportunas para reabastecer antes de alcanzar niveles críticos.

➲ **Proveedores estratégicos.** Disponer de proveedores de confianza o con un alto cumplimiento de las condiciones pactadas ayuda a reducir la necesidad de mantener altos niveles de inventario de seguridad.

➲ **Clasificación ABC.** Se trata de un sistema de almacenaje y reposición basado en priorizar aquellos productos en función de su mayor valor o rotación.

 **EJEMPLO**

La clasificación ABC, también denominada principio de Pareto o norma del 80-20, es empleada para determinar los productos del almacén que precisan de un mayor control de reposición debido a su alta rotación:

- Los productos A suponen un 20 % del *stock* y un 80 % del valor del inventario, requiriendo un control estricto y revisiones frecuentes.
- Los productos B suponen un 30 % del *stock* y un 15 % del valor del inventario, requiriendo un control intermedio.
- Los productos C suponen un 50 % del *stock* y un 5 % del valor del inventario, requiriendo menos controles y más simples.

Caso práctico:

Artículo	Volumen de ventas	% participa
A001	13.800	10
B002	12.500	10
C003	16.200	10
D004	915.800	10
E005	826.500	10
F006	98.600	10
G007	139.500	10
H008	89.800	10
I009	15.900	10
J009	9.800	10

Continúa en página siguiente >>

<< Viene de página anterior

Solución:

Artículo	Volumen de ventas	% sobre total Art.	% ventas de cada art.	Ventas acumuladas en u.m.	% acumulado sobre el total	
D004	915.800	10	42,83	915.800	42,83	A
E005	826.500	10	38,65	1.742.300	81,48	81,48
G007	139.500	10	6,52	1.881.800	88,00	
F006	98.600	10	4,61	1.980.400	92,61	B
H008	89.800	10	4,20	2.070.200	96,81	15,33
C003	16.200	10	0,76	2.086.400	97,57	
I009	15.900	10	0,74	2.102.300	98,31	
A001	13.800	10	0,65	2.116.100	98,96	C
B002	12.500	10	0,58	2.128.600	99,54	3,19
J010	9.800	10	0,46	2.138.400	100,00	

✏️ ACTIVIDAD 1

Una distribuidora de productos y accesorios de telefonía está sufriendo ciertos retrasos en la reposición de su inventario debido a que el cálculo del *stock* mínimo no era el adecuado para los productos de mayor rotación, lo que se tradujo en diferentes ventas perdidas. Ante esta situación, el nuevo responsable de logística propuso:

- Establecer el *stock* mínimo (o de seguridad) considerando el tiempo de aprovisionamiento de los proveedores y la demanda promedio de cada producto.
- Implementar un sistema de reposición automática por punto de pedido.
- Establecer revisiones periódicas del inventario y usar herramientas tecnológicas para seguimiento en tiempo real.

Continúa en página siguiente >>

<< Viene de página anterior

Teniendo en cuenta esta información, ¿cuál de las siguientes afirmaciones es correcta?

a. La empresa debe establecer el *stock* mínimo únicamente en función del valor económico del producto en inventario.

b. Es adecuado relacionar el *stock* mínimo con el tiempo de aprovisionamiento de proveedores y la demanda esperada para evitar quiebres de inventario.

c. No es necesario usar mecanismos tecnológicos si se revisa el inventario de forma mensual.

d. La rotación de inventario no influye en el mantenimiento del *stock* mínimo ni en su renovación.

4. Resumen

Se puede definir tanto el almacén como la labor de aprovisionamiento como un eslabón y un proceso fundamental dentro de la cadena de suministro de cualquier empresa del ámbito logístico. Saber gestionar el espacio de almacenamiento y ser eficaces en el momento y cantidad de realizar la compra de productos van a ser factores de gran impacto en la eficiencia y rentabilidad de una empresa, especialmente en sectores con altos niveles de competencia.

El complejo proceso del aprovisionamiento empieza con la planificación de los requerimientos y finaliza con la llegada de las mercancías al almacén, por lo que es importante encontrar proveedores confiables y de calidad que garanticen un flujo continuo de materiales.

En cuanto al almacén, es importante recordar todos los elementos que sirven a los trabajadores y responsables para garantizar un uso eficiente de los espacios y de los recursos. En este sentido, nos estamos refiriendo al uso de sistemas informáticos como los SGA, la automatización, la trazabilidad y el uso de indicadores clave de desempeño, que permiten optimizar la operación y mantener un control riguroso sobre los inventarios. Por consiguiente, la correcta definición del *stock* mínimo, *stock* de seguridad y punto de pedido resulta clave para evitar roturas de *stock* o sobrecostos por exceso de inventario.

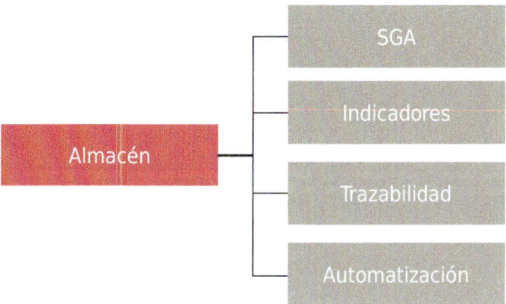

En términos generales, es importante percibir tanto el almacén como el aprovisionamiento como elementos de la estrategia empresarial que pueden ayudar a generar una ventaja competitiva real a cualquier organización logística.

Ejercicios de autoevaluación
Unidad de Aprendizaje 1

1. ¿Qué acción trata de ubicar la mercancía en la zona más idónea del almacén, con el fin de poder acceder a ella y localizarla fácilmente?

   a. Recepción.
   b. Almacenamiento.
   c. Conservación y mantenimiento.
   d. Expedición.

2. Las unidades de almacenaje para pequeños objetos mantenidos en *stock* en lotes medianos y extraídos en cantidades pequeñas se denominan...

   a. Cajas.
   b. Bandejas.
   c. Contenedores.
   d. Palés.

3. Permiten el almacenaje en bloque y son muy útiles especialmente para productos homogéneos y para necesidades de alta densidad de almacenamiento:

   a. Estantería para *picking*.
   b. Estantería compacta.
   c. Estantería de carga manual.
   d. Estantería convencional.

4. ¿Cuál son las estanterías más adecuadas para el almacenaje de mercancías de grandes dimensiones?

   a. *Drive in.*
   b. *Drive through.*
   c. *Cantiléver.*
   d. Autoportantes.

5. El inventario basado en conocer los productos inmersos en un proceso de fabricación pero que aún no forman parte del *stock* se llama:

    a. Inventario de materias primas.
    b. Inventario de productos en curso.
    c. Inventario de productos terminados.
    d. Inventario en tránsito.

6. Determina si la siguiente oración es verdadera o falsa: "El índice de rotación mide cuántas veces se renuevan los productos en un periodo de tiempo determinado".

    ■ Verdadero
    ■ Falso

7. El sistema de reposición basado en intentar trabajar sin *stock* o con el mínimo posible se llama...

    a. ... punto de pedido.
    b. ... periódico.
    c. ... *just in time*.
    d. ... automático.

8. En la clasificación ABC, los productos denominados de clase A, ¿qué porcentaje representan del *stock*?

    a. 20 %.
    b. 30 %.
    c. 40 %.
    d. 50 %.

9. Determina si la siguiente oración es verdadera o falsa: "Si el tiempo de aprovisionamiento es largo, es aconsejable tener un *stock* mínimo reducido".

    ■ Verdadero
    ■ Falso

10. **Ordena de manera correcta el flujo lógico de los procesos del almacén:**

    a. Recepción – Conservación y mantenimiento – Expedición – Almacenamiento.

    b. Expedición – Almacenamiento – Conservación y mantenimiento – Recepción.

    c. Recepción – Almacenamiento – Conservación y mantenimiento – Expedición.

    d. Recepción – Expedición – Almacenamiento – Conservación y mantenimiento.

Sistemas y procesos de inventario

Contenido

Objetivos

Los objetivos específicos de esta Unidad de Aprendizaje son:

→ Comprender qué es un inventario, sus tipos y su importancia dentro de la cadena de suministro.
→ Identificar las funciones clave del control de inventarios en una empresa.
→ Dominar los sistemas de registro.
→ Identificar el sistema óptimo de reposición de *stocks* en función del tipo de almacén.
→ Identificar si se ha elaborado partes de incidencia si fuese necesario y comunicando necesidades de reaprovisionamiento y roturas de *stock.*

1. Introducción

Los inventarios son una de las gestiones esenciales de cualquier tipo de empresa que tenga en su interior cualquier tipo de mercancías, desde materias hasta productos terminados. Entendiendo esta tarea como el control del *stock,* resulta clave a la hora de garantizar la disponibilidad de producto y poder hacer frente a la demanda de los clientes en el momento que lo requieran. Por esta razón, contar con sistemas y procesos de inventario bien estructurados y eficientes es fundamental para el éxito operativo y financiero de las empresas.

Por otra parte, el inventario no se centra exclusivamente en conocer el número de productos existentes de cada referencia, sino que también conlleva identificar su movimiento de entrada y salida del almacén y su valor económico una vez que estos son adquiridos, datos que ayudarán a la toma de decisiones estratégicas a diferentes departamentos como pueden ser compras, ventas o logística.

Así pues, el proceso de inventario abarca un conjunto de actividades sistemáticas orientadas a registrar, controlar y mantener actualizada la información sobre las existencias en una empresa. Esto incluye la recepción de productos, el almacenamiento, el movimiento interno, la distribución y, finalmente, la baja o disposición de los bienes.

Todas estas operaciones serán realizadas combinando una serie de técnicas o herramientas informáticas y también manuales, ya que, por un lado, tendremos en cuenta el registro de mercancías llevado a cabo en el sistema y, por otro, la toma física o recuento de estas para su posterior actualización y trabajar en todo momento con los datos más reales posible.

Es importante destacar que el inventario es un proceso que permite agilizar la gestión de compras anticipándose a la demanda y así poder reducir costes asociados a este departamento. Por otro lado, en determinados sectores como pueden ser el comercio electrónico, supone una herramienta fundamental para ofrecer una disponibilidad en tiempo real de los productos para ofrecer una experiencia al cliente satisfactoria.

En este sentido, Saray, como técnica del almacén, debe conocer las herramientas y las prácticas necesarias para efectuar los procesos de inventario. Asi pues, no solamente debe registrar productos o contar físicamente mercancía, sino que ha de desarrollar una visión integral del inventario como parte de un sistema logístico más amplio, conectado con la cadena de suministro, la planificación de la demanda, la gestión de proveedores y la satisfacción del cliente.

2. El inventario: finalidad y tipos

☞ HILO CONDUCTOR

Debido a la gran variedad de productos y a los diferentes criterios de almacenaje o colocación, es probable que las empresas decidan llevar a cabo más de un proceso de inventario a lo largo del año. Por este motivo, Saray debe conocer e identificar las distintas opciones disponibles y ejecutar aquellas que resulten más eficientes para que el control de los productos sea el más acorde a la actividad de la empresa en la que trabaja.

Podemos definir el inventario como el conjunto de mercancías físicas de las que dispone una empresa para su posterior venta, transformación u empleo en procesos productivos o comerciales, las cuales pueden clasificarse en distintas categorías, como materias primas, productos en proceso, productos terminados, repuestos y suministros, entre otros.

En otro sentido, el objetivo del inventario no es otro que conocer el estado exacto de los distintos productos, conciliar el conteo físico con la parte contable, identificar aquellas mercancías que no se encuentren en perfecto estado o hayan quedado obsoletas, así como concretar necesidades de espacio en el almacenamiento.

SABÍAS QUE...

Las empresas suelen clasificarse en tres grupos en función del tipo de actividad y producto que llevan a cabo en su interior. Así, se distingue entre:

- Empresas industriales → en las que se fabrican productos.
- Empresas comerciales → donde se compran y venden productos terminados.
- Empresas de servicios → cuyo producto no es tangible, como los viajes, seguros, etc.

Los productos terminados son el resultado de un proceso de transformación de materias primas.

Así, la realización de inventarios en las diferentes empresas tiene las siguientes finalidades:

Disponibilidad	- El inventario se asegura de que los productos estén disponibles cuando sean requeridos por los clientes o por el propio almacén en labores de fabricación u otras, garantizando un flujo continuo de mercancías.
Servicio al cliente	- Una buena gestión de inventarios supone un porcentaje alto en el cumplimiento de las entregas, lo que se traduce en un aumento de la satisfacción de los clientes.
Estabilizar la producción	- Un inventario ajustado a las necesidades garantiza la existencia de materias primas con el objetivo de no paralizar la producción en ningún momento, especialmente en aquellos casos donde la fabricación sigue un flujo continuo.
Economías de escala	- El inventario puede ayudar a decidir en los procesos de compra, adquiriendo más mercancía en momento puntuales y así aprovechar descuentos y mejores condiciones de compra.
Control contable y financiero	- El inventario es un activo que debe ser valorado, registrado y controlado contablemente, por lo que su correcta gestión permite una mejor planificación financiera, análisis de costes y cumplimiento fiscal.

Además de la finalidad de ejecutar un inventario, dentro de la labor de un almacén, es necesario conocer los diferentes tipos que existen con el objetivo de planificar y ejecutar aquel que se considere el más adecuado según diferentes criterios. Es por ello que cada tipo de inventario responde a necesidades específicas y requiere métodos de seguimiento, almacenamiento y valoración distintos. Por ejemplo, no es lo mismo gestionar materias primas que productos terminados; ni un inventario en tránsito que uno de seguridad, por lo que el conocimiento de esta materia ayudará a conseguir flujos eficientes de productos y no incurrir en roturas de *stocks* o demandas insatisfechas.

Por lo tanto, la elección de un tipo u otro de inventario dependerá de numerosos factores que estarán relacionados con la naturaleza del negocio, el tipo de producto, la estructura logística, etc., y repercutirá notablemente en la reducción de costes logísticos y en la optimización de la cadena de suministro. En términos generales, podemos destacar los siguientes factores:

- **Naturaleza del producto.** Los diferentes tipos de productos van a influir a la hora de determinar la cantidad y la exhaustividad de los inventarios. Por un lado, los considerados productos perecederos requieren un control más estricto, rotación rápida y sistemas de inventario que minimicen el tiempo de almacenamiento, mientras que para los productos duraderos puede ejecutarse un inventario más periódico.
- **Volumen y rotación.** La velocidad con que los productos entran y salen del inventario (rotación) influye en el tipo de sistema que se debe implementar. Una rotación alta exige mayor precisión y seguimiento constante, mientras que productos de rotación baja pueden ser controlados con sistemas más espaciados en el tiempo.
- **Capacidad tecnológica.** Disponer de herramientas tecnológicas ayuda a las empresas a ejecutar inventarios perpetuos o constantes, mientras que las empresas con recursos manuales suelen optar por recuentos de carácter más periódico.
- **Tamaño de empresa.** Las empresas grandes o con más de un centro logístico suelen optar por un inventario segmentado por zonas o ubicación, mientras que pequeños almacenes operan con inventarios menos sofisticados debido a su simplicidad en la estructura.
- **Política de empresa.** Dependiendo de la actividad de la empresa, esta puede operar con altos niveles de *stock* o intentar ajustar la oferta y la demanda, lo que influirá a la hora de elegir un método u otro de recuento.
- **Costes asociados.** A la hora de seleccionar un método de inventario, este debe buscar un equilibrio entre el coste de emitir un pedido de compra, el coste de mantenimiento derivado del almacenamiento y el coste de rotura que supone no satisfacer las necesidades del cliente.

DEFINICIÓN

Coste de mantenimiento
También es denominado coste de posesión o almacenamiento, y hace referencia al gasto de recursos que conlleva almacenar mercancías en un espacio de tiempo determinado.

Así pues, podemos realizar una clasificación de los inventarios en función de distintos criterios y variables que tienen lugar en las distintas empresas y almacenes. De esta manera, podemos realizar la siguiente distinción:

➲ **Según el soporte empleado:**

  ◉ **Físico.** El inventario físico supone el recuento manual, unidad por unidad y llevado a cabo por operarios de los productos que se encuentran almacenados en un lugar específico.
  ◉ **Informático.** Se trata del resultado de registrar las entradas y salidas de los diferentes productos del almacén, así como sus ubicaciones y cantidades.

➲ **Según su función dentro del proceso operativo o productivo:**

  ◉ **Materias primas.** Se trata del recuento y control de las mercancías que están destinadas a un proceso de fabricación con el objetivo de evitar paradas de producción.
  ◉ **Productos en curso.** Se trata de productos que se encuentran inmersos en un proceso de fabricación y sobre los que hay que llevar un control, ya que suponen capital invertido por parte de la empresa.
  ◉ **Productos terminados.** Son el resultado de procesos de fabricación y su correcta gestión evitará un exceso de *stock* o ausencia del mismo, evitando así que afecte a las ventas.
  ◉ **Productos auxiliares.** Se trata de los recursos materiales necesarios para el funcionamiento de la producción, pero que no forman parte del producto final, como pueden ser los materiales de oficina.

➲ **Según su ubicación física:**

  ◉ **Inventario en planta.** Se trata del inventario que se realiza en las instalaciones donde se encuentran almacenadas las mercancías.
  ◉ **Inventario en tránsito.** Se trata del inventario que se encuentra en diferentes etapas de la cadena de suministro y que, aunque no están

físicamente en el almacén, son propiedad de este como, por ejemplo, la mercancía que envía un proveedor.

- ● **Inventario en consignación.** Es aquel que el proveedor deja en las instalaciones del cliente, pero cuya propiedad sigue siendo del proveedor hasta que se utiliza o se vende, lo que permite reducir riesgos.
- ● **Inventario en almacenes externos.** Se trata del inventario llevado a cabo cuando se contrata la instalación de un tercero para el almacenaje de productos.

➲ **Según el método de control:**

- ● **Inventario periódico.** Se trata del recuento de los productos planificados en diferentes espacios de tiempo, lo cual supone un ahorro de medios y recursos, pero implica escaso control del *stock* disponible fuera de los mencionados periodos.
- ● **Inventario permanente o perpetuo.** Se basa en el registro constante de las entradas y salidas de manera manual o digital para saber en todo momento cuánto *stock* hay, dónde está y en qué estado.

➲ **Según su importancia económica:**

- ● **Inventario tipo A.** Se trata del inventario del porcentaje de artículos que concentra un alto valor económico (20 %) y que requiere un control riguroso y seguimiento constante.
- ● **Inventario tipo B.** Se trata del inventario de los artículos que poseen un valor y un movimiento de salida intermedio (30 %).
- ● **Inventario tipo C.** Es el inventario de la mayor cantidad de productos (50 %), pero que representan un bajo valor económico, por lo que el control es más simple y menos riguroso.

➲ **Tipos especiales:**

- ● **Inventario de seguridad.** Se trata del conjunto de productos que tiene la empresa por encima del *stock* mínimo para hacer frente a imprevistos, como incrementos de demanda o retrasos en las entregas.
- ● **Inventario estacional.** Es el inventario de productos que van a tener una alta rotación en épocas concretas del año, como pueden ser productos navideños, material escolar, etc.
- ● **Inventario muerto.** Es el recuento de aquellos productos que ya no tienen valor comercial debido a deterioro u obsolescencia.
- ● **Inventario de devolución.** Incluye productos que fueron devueltos por clientes o rechazados por defectos. Requiere un tratamiento especial según las políticas de calidad y servicio.

↺ **Inventario especulativo.** Es aquel que se mantiene intencionadamente para aprovechar oportunidades futuras, como compras anticipadas a buen precio o previsión de escasez en el mercado.

El denominado inventario real es el resultado del ajuste realizado entre los datos del inventario físico y los datos del inventario teórico o informático.

SABÍAS QUE...

Contar con almacenaje en las instalaciones de otra empresa por necesidad de espacio o estacionalidad de productos se conoce como logística tercerizada.

- -

DEFINICIÓN

Obsolescencia
Es el momento en que un producto pierde su utilidad para la cual fue fabricado, por diferentes motivos como innovaciones tecnológicas, cumplimiento de requerimientos actuales, incompatibilidad o pérdida de comercialización.

- -

Otro de los aspectos importantes dentro del sector logístico y que se encuentra estrechamente vinculado con la gestión de los inventarios es definir el sistema de reposición de *stocks* en función del tipo de almacén disponible.

Por esto, cuando hablamos del proceso de reposición de *stock,* estamos haciendo referencia a la decisión estratégica de cuándo debemos solicitar un pedido y cuál es la cantidad óptima que debe incluirse en dicha solicitud de compra. Se trata de un proceso complejo donde hay que tener en cuenta diferentes variables como pueden ser la demanda o los plazos de entrega, y cuyo objetivo final no es otro que asegurar un flujo continuo de productos y una labor logística altamente eficiente. La elección del sistema de reposición más adecuado depende directamente del tipo de almacén y del tipo de inventario que se maneja.

Almacén central	- Se trata del almacén que centraliza el *stock* de la empresa para distribuir y abastecer a otros almacenes y clientes. El sistema de reposición adecuado sería el de revisión continua, reponiendo el *stock* cada vez que este llegue a un punto de pedido, permitiendo así controlar constantemente el inventario.
Almacén de tránsito o consolidación	- Almacenes donde la mercancía no es almacenada, ya que es manipulada para su redistribución a diferentes puntos finales. El método de reposición adecuado sería la filosofía just in time, ya que la rotación se basa en la demanda inmediata, por lo que el *stock* no se almacena y el nivel de rotación es alto.
Almacén regulador	- Almacén que permite ajustar la oferta a una demanda variable o estacional, como en el caso de industrias agrícolas o textiles, por lo que debería ejecutarse un sistema de reposición periódica donde el control del *stock* se lleve a cabo en fechas concretas y se reabastece hasta un nivel objetivo.
Almacén *retail*	- Son los almacenes de los puntos de venta que abastecen directamente al cliente final. En estos casos, el sistema de reposición debería estar basado en un reabastecimiento informático que actualiza el inventario en tiempo real, especialmente útil si se trata de productos de alta rotación o perecederos.

Los productos en los puntos de venta son reabastecidos a medida que son vendidos a los clientes.

Por otra parte, a la hora de seleccionar un sistema de reposición u otro, el tipo de inventario llevado a cabo también va a influir en esta toma de decisión. Así pues, podemos destacar los siguientes casos:

Inventario de seguridad	- El método de reposición adecuado sería mediante punto de pedido con *stock* de seguridad ajustado a las variables existentes (plazo de entrega y demanda).
Inventario en tránsito	- En este tipo de inventarios se suele emplear el programa informático denominado MRP *(Material Requirements Planning)*, especialmente útil en entornos industriales.
Inventario estacional	- En este inventario tan concreto se emplea la revisión periódica y pedidos programados con antelación.

IMPORTANTE

El programa MRP permite a las empresas planificar su producción y calcular el número de materiales necesarios para cada producto con el fin de garantizar que estén disponibles cuando el área de fabricación lo requiera.

El sistema de reposición óptimo no puede seleccionarse de forma generalizada, ya que debe adaptarse tanto a la función del almacén como al tipo de inventario. Utilizar el modelo adecuado permite minimizar costos, mantener el flujo de productos y evitar interrupciones en la cadena de suministro. Además, el apoyo tecnológico permite automatizar y ajustar dinámicamente los sistemas de reposición, mejorando la eficiencia logística.

TAREA 2

Una empresa logística dedicada a la distribución de distintos productos para un número elevado de empresas cuenta con cuatro almacenes que cumplen distintas funciones dentro de su red logística. Tu labor consiste en identificar el tipo de almacén y su sistema de reposición más adecuado:

Almacén A

- Es el almacén más grande de la compañía.
- Aquí se concentra todo el *stock* de materias primas y productos terminados que llegan de los proveedores nacionales e internacionales.
- Desde este almacén se distribuye mercancía a los demás almacenes de la red.
- El objetivo principal es mantener un control constante del inventario y evitar roturas de *stock.*

Almacén B

- En este centro no se almacena mercancía por largos periodos.
- Los productos llegan, se agrupan según destino y se redistribuyen rápidamente hacia diferentes puntos finales.
- Su función principal es reducir tiempos de entrega y optimizar rutas.
- El *stock* casi nunca permanece más de 24 horas.

Almacén C

- Este almacén se utiliza sobre todo en épocas de cosecha.
- Acumula productos agrícolas que luego se van entregando según la demanda del mercado.
- La demanda varía por temporadas, por lo que se almacena más en ciertos meses y menos en otros.
- El control del *stock* se realiza en fechas fijas cada mes.

Almacén D

- Este almacén abastece directamente las tiendas y supermercados de la empresa.
- Gestiona productos perecederos y de alta rotación.
- El sistema informático registra automáticamente las ventas y actualiza el inventario en tiempo real.
- Cuando un producto se vende, se genera automáticamente una orden de reposición.

3. Procesos de elaboración de inventarios

☞ HILO CONDUCTOR

Puesto que el inventario es una herramienta clave a la hora de gestionar el *stock* presente en un almacén o, como hemos visto, fuera de él, Saray debe conocer los productos que va a manipular y llevar a cabo el proceso adecuado de inventario para anticiparse a posibles imprevistos y no dejar ningún pedido pendiente de envío debido a la inexistencia de mercancías.

Como hemos destacado anteriormente, el inventario supone el control y registro de todos los bienes que posee una empresa, por lo que conseguir un proceso eficiente va a garantizar la continuidad operativa de la empresa y, por otro lado, prevenir pérdidas derivadas de la gestión ineficiente de los productos que conforman el *stock*.

Por ello, no podemos entender el proceso del inventario como el mero recuento de los productos disponibles para la venta, de los productos necesarios para la fabricación, etc., sino que supone una serie de acciones coordinadas desde un punto de vista administrativo, técnico y logístico que precisan de una planificación, coordinación y análisis.

En este sentido, el primero de los pasos a la hora de iniciar un proceso de inventario es su planificación, estableciendo el objetivo que se quiere alcanzar y los recursos que vamos a emplear para no destinarlos a otra actividad o para saber que no estarán disponibles durante un espacio de tiempo. Así, en primer lugar, la persona responsable de organizar el proceso de inventario debe llevar a cabo una planificación previa:

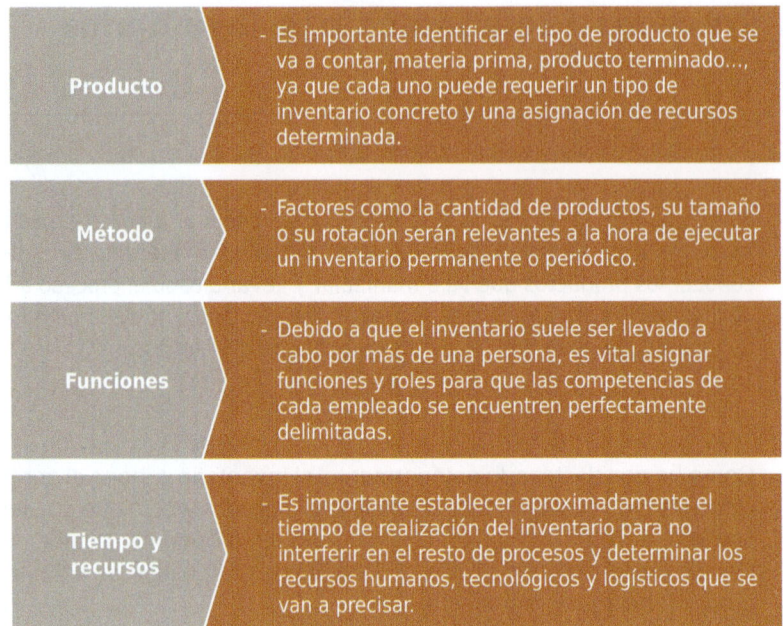

Producto	- Es importante identificar el tipo de producto que se va a contar, materia prima, producto terminado..., ya que cada uno puede requerir un tipo de inventario concreto y una asignación de recursos determinada.
Método	- Factores como la cantidad de productos, su tamaño o su rotación serán relevantes a la hora de ejecutar un inventario permanente o periódico.
Funciones	- Debido a que el inventario suele ser llevado a cabo por más de una persona, es vital asignar funciones y roles para que las competencias de cada empleado se encuentren perfectamente delimitadas.
Tiempo y recursos	- Es importante establecer aproximadamente el tiempo de realización del inventario para no interferir en el resto de procesos y determinar los recursos humanos, tecnológicos y logísticos que se van a precisar.

Una vez llevada a cabo la planificación del inventario, es el momento de iniciar el proceso ejecutando el tipo de conteo seleccionado según los diferentes criterios ya establecidos anteriormente:

- **Anual.** Es ejecutado por las empresas en el momento que finaliza el año fiscal para presentar el balance económico de sus existencias.
- **Periódico.** Realizado en diferentes momentos para llevar un control más exhaustivo y no interrumpir otras operaciones.
- **Cíclico.** Es el llevado a cabo por familias de productos, por artículos que tengan la misma rotación, por pasillos, etc., es decir, en almacenes que contengan un amplio número de referencias y un elevado nivel de *stock*.
- **Continuo.** Se realiza constantemente a través del registro de movimientos de los productos mediante el empleo de programas informáticos.

 SABÍAS QUE...

El PGC (Plan General Contable) establece la obligación de que las empresas presenten al menos un inventario al año con el fin de justificar los movimientos de mercancías y su valoración económica.

Una vez seleccionado el inventario que se va a utilizar en la empresa, es fundamental llevar a cabo una pequeña organización de los productos que se van a contar y comprobar que cada uno de ellos se encuentra correctamente codificado. En el primer caso, lo común es clasificar los productos por diferentes categorías, estableciendo distintos criterios para ello, como puede ser la naturaleza del artículo o su ubicación en el almacén. Por otro lado, la codificación va a ayudar a ejecutar el inventario evitando confusiones de registro y errores de conteo especialmente en los casos donde se ejecutan procesos automatizados.

 **EJEMPLO**

La siguiente tabla muestra un ejemplo de clasificación de productos para inventariar de una empresa:

Código	Descripción	Categoría
MP-003	Tornillos de acero	Materia prima
PT-002	Panel de control final	Producto terminado
AF-003	Computadora de planta	Activo fijo

Después de todos estos pasos, llega el momento del proceso manual o recuento físico de los productos, donde se va a verificar manual o electrónicamente las cantidades reales de los productos almacenados. Así, dependiendo del método empleado, podemos distinguir:

Manual
Es el proceso llevado a cabo de manera convencional, sin ningún tipo de herramienta ni programa, donde el operario cuenta las unidades de manera física.

Asistido
Recuento realizado mediante terminales para la captura de códigos de barras y registrar datos en el sistema.

Por muestreo
Se trata del método que se aplica sobre una parte del total del inventario cuando, por razones logísticas, no es viable contarlo todo.

SABÍAS QUE...

El conteo manual de los productos suele hacerse en parejas con el objetivo de ejecutar el proceso dos veces y así verificar la veracidad del número de unidades contadas.

En el inventario manual no existe ninguna herramienta tecnológica en ningún momento a lo largo del proceso.

Una vez finalizado el conteo, el último paso consiste en el registro de los datos obtenidos, ya sea de forma convencional o en sistemas informáticos, medida cada vez más extendida en la actualidad. Este registro debe incluir datos indispensables como códigos, descripciones, cantidades contadas y observaciones relevantes como la existencia de productos dañados o discrepancias encontradas a lo largo del proceso.

Así con todo, el inventario de una empresa es un proceso complejo y que afecta tanto a diferentes áreas como a los procesos que se ejecutan dentro del almacén, ya que, en ocasiones, se ven paralizados para efectuar el recuento de los productos. Por eso, es necesario conocer los beneficios que aporta la realización de inventarios y, por otra parte, las desventajas que conlleva su ejecución:

➲ **Beneficios:**

    ひ Control y visibilidad → El inventario sirve para conocer la cantidad de los productos y revisar el estado de estos a medida que son contados y así evitar deterioros o roturas.

ᴕ Mejora en las decisiones → Un inventario eficiente puede reducir costes a áreas determinadas como compras, fabricación o ventas.

ᴕ Reducción de pérdidas o robos → El recuento de los productos ayuda a minimizar pérdidas derivadas de una mala manipulación o hurto.

ᴕ Agilización fiscal → La correcta gestión del inventario ayuda a la empresa con el cumplimiento de las normativas tributarias a las que están obligadas.

ᴕ Optimización del espacio → El inventario debe ser una situación de mejora para reorganizar el almacén y ubicar los productos de una manera más productiva.

➲ **Desventajas:**

ᴕ Coste y tiempo → El proceso de inventario puede ser costoso, tanto por el tiempo que requiere el personal como por la posible interrupción en las operaciones, especialmente en los inventarios físicos.

ᴕ Posibilidad de errores → La aplicación manual en los inventarios puede originar errores como registros erróneos o duplicidades.

ᴕ Interrupción de la operación → En empresas donde la actividad no puede detenerse, realizar inventarios puede ser complicado, ya que el movimiento constante dificulta la precisión del conteo.

ᴕ Dependencia de sistemas y tecnología → En inventarios automatizados o permanentes, la falla de *software* puede afectar a la disponibilidad y confiabilidad de la información.

Por todos estos motivos, y a nivel general, existen una serie de medidas o recomendaciones que toda empresa debe poner en funcionamiento para garantizar el éxito en la realización de los inventarios:

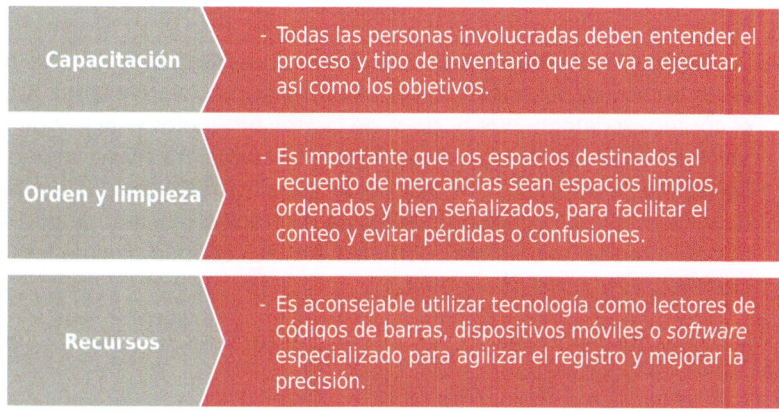

Capacitación	- Todas las personas involucradas deben entender el proceso y tipo de inventario que se va a ejecutar, así como los objetivos.
Orden y limpieza	- Es importante que los espacios destinados al recuento de mercancías sean espacios limpios, ordenados y bien señalizados, para facilitar el conteo y evitar pérdidas o confusiones.
Recursos	- Es aconsejable utilizar tecnología como lectores de códigos de barras, dispositivos móviles o *software* especializado para agilizar el registro y mejorar la precisión.

Continúa en página siguiente >>

<< Viene de página anterior

Frecuencia	- En la medida de lo posible y, dependiendo del tipo y actividad de la empresa, es aconsejable realizar conteos parciales en áreas específicas para no interrumpir completamente las operaciones y detectar discrepancias a tiempo.
Comunicación	- Resulta fundamental mantener una comunicación clara entre todos los departamentos involucrados, para coordinar tiempos, recursos y resolver cualquier inconveniente durante el proceso.

Con todo esto, podemos decir que realizar inventarios supone todo un desafío para las empresas. No obstante, más allá de contabilizar el número de productos existentes, es una herramienta dinámica que contribuye al éxito operativo y financiero de cualquier organización.

Asimismo, es inevitable que, a lo largo del proceso de inventario, puedan surgir situaciones que se alejen de los resultados esperados, ya sean diferencias de cantidades, productos mal ubicados, etiquetado incorrecto o incluso la ausencia total de un artículo que figura en el sistema.

Ante estos casos, los operarios encargados del recuento de productos deben elaborar los denominados partes de incidencias, donde van a describir con detalle todos los aspectos relacionados con la anomalía encontrada. Se trata de elaborar un seguimiento de la incidencia con el objetivo de averiguar sus causas y así poder corregirlas y prevenir la aparición de otras nuevas.

Por otra parte, uno de los aspectos más importantes tras la toma de inventario es la comunicación de necesidades de reaprovisionamiento. Si durante el conteo se detecta que el *stock* de ciertos productos está por debajo del nivel mínimo establecido o directamente se encuentra a cero, se debe notificar al área de compras para iniciar el proceso de reposición. Este aviso suele hacerse mediante un reporte de rotura de *stock* o solicitud de pedido, que indica el producto afectado, cantidad actual, cantidad mínima requerida y cantidad sugerida para reponer.

 **EJEMPLO**

Parte de incidencia de inventario

Fecha: 22/10/2025.
Hora: 9:00.
Ubicación: Almacén central – estantería A, nivel 4.
Responsable del conteo: Isabel Vilanova.
Supervisor de inventario: Inés González.
Código del producto: MP-002.
Descripción del producto: resina granulada.
Unidad de medida: kg.
Cantidad registrada en sistema: 300 kg.
Cantidad contada físicamente: 225 kg.

Descripción de la incidencia:

Durante el conteo físico se detectó una diferencia de 75 kg menos en la cantidad de resina granulada registrada en el sistema con respecto a lo encontrado físicamente en almacén. Además, se observó que parte del producto se encuentra en empaques abiertos y sin etiquetar, lo que podría haber generado confusión en conteos anteriores o posibles pérdidas por manipulación inadecuada.

Acciones tomadas:

- Se notificó inmediatamente al supervisor del área.
- Se tomaron fotografías del estado del producto como respaldo visual.
- Se dejó constancia de la ubicación exacta del producto afectado.
- Se sugirió realizar una revisión en el registro de salidas de las últimas dos semanas para verificar posibles errores de registro.

Por último, a la hora de ejecutar el inventario dentro de un almacén, existen una gran variedad de documentos, muchos de carácter interno, que pueden emplearse como herramienta de ayuda a la hora de ejecutar el proceso o para contrastar los datos recabados en el conteo realizado de manera física. En general, se trata de documentos que permiten registrar, verificar, coordinar y comunicar la información relativa a la entrada, almacenamiento, movimiento y salida de productos o materiales:

- **Hoja de inventario o acta de conteo.** Documento en formato papel o digital donde se registran las cantidades físicas contadas de cada producto, su ubicación y cualquier observación pertinente.

- **Parte de incidencia.** Documento generado a raíz de la aparición de cualquier imprevisto para informar sobre este y el motivo de su aparición como mercancía faltante, sobrante, deterioros, caducidades...
- **Orden de entrada.** Documento que respalda la recepción de mercancías provenientes de proveedores o de otras áreas de la empresa.
- *Picking list.* Se trata del documento que recoge los productos que deben ser preparados y registrados para entregarlos al cliente final o a otra área o almacén de la empresa.
- **Ficha de almacén.** Se trata de un registro individual o por pedidos de las distintas entradas y salidas de estos y las existencias resultantes.
- **Solicitud de reaprovisionamiento.** Documento que se emite cuando un producto alcanza su punto de reposición. Es una orden interna que se dirige al departamento de compras.
- **Informe de rotura de *stock*.** Documento que evidencia la falta de existencias de un producto, usualmente acompañado de una acción correctiva sugerida.
- **Registro de ubicaciones.** Informe que muestra dónde se encuentran ubicados los productos en el almacén y que resulta muy útil a la hora de localizarlos para poder inventariarlos.

Por lo tanto, el empleo de los diferentes documentos ayudará a llevar un control exacto de las existencias y a anticiparse a los posibles errores que puedan surgir. Además, tanto la elaboración de partes de incidencia como la comunicación efectiva con otras áreas son fundamentales para mantener el flujo operativo y minimizar riesgos.

Así pues, es fundamental hacer un uso correcto de los documentos disponibles y tratar que se encuentren lo más actualizados posible para mantener altos niveles de eficiencia y mejora continua en la gestión del almacén.

 TAREA 3

Durante la realización del inventario mensual en la empresa Almacenes Delta, S. L., el equipo de control detecta las siguientes diferencias entre el inventario físico y el registrado en el sistema informático. Además, se identifican algunos productos con existencias por debajo del punto de pedido, lo que requiere reaprovisionamiento urgente:

Continúa en página siguiente >>

<< Viene de página anterior

- El producto CA-045 – cartuchos de tinta negra (*pack* de 4 unidades) presenta 0 unidades físicas en el estante, aunque el sistema registra 20 unidades disponibles.
- Este producto es de alta rotación, y actualmente hay pedidos pendientes de entrega.
- No se han encontrado registros de salida recientes en el sistema.
- El responsable del área sugiere que el producto pudo haberse entregado sin registrar correctamente la salida.

¿Qué datos debes incluir en el siguiente parte de incidencia?

PARTE DE INCIDENCIA DE INVENTARIO

Fecha: _____

Hora: _____

Ubicación: _____

Responsable del conteo: _____

Supervisor de inventario: _____

Código del producto: _____

Descripción del producto: _____

Unidad de medida: _____

Cantidad registrada en sistema: _____

Cantidad contada físicamente: _____

Descripción de la incidencia:
(Explica brevemente la situación detectada: diferencia de *stock*, falta de producto, estado del material, etc.)

Acciones tomadas:
Recomendaciones / necesidades de reaprovisionamiento:

(Indica si se requiere realizar un pedido, ajustar registros o investigar causas.)

Firma del responsable: _____

Firma del supervisor: _____

ACTIVIDAD 2

La empresa Floma, S. A., está realizando su inventario anual. Durante el conteo físico, el responsable del almacén detecta que faltan tres cajas de un producto, aunque en el sistema aparecen registradas como disponibles. El encargado decide documentar esta diferencia, indicando el tipo de incidencia, la fecha y el motivo probable (posible error en la última entrada o deterioro del material).

¿Qué documento técnico debe elaborar el encargado para dejar constancia de esta situación?

4. Utilización de aplicaciones informáticas en las actividades auxiliares de control de existencias

 HILO CONDUCTOR

En cualquier tipo de almacén y empresa, especialmente en aquellos donde el volumen del *stock* alcanza niveles elevados, se convierte en necesidad el uso de aplicaciones informáticas que gestionen el control de existencias de manera eficiente. En este sentido, Saray precisa de la formación y conocimientos necesarios para poder manejar las herramientas tecnológicas o informáticas que la empresa ponga a su alcance.

En la actualidad, el mundo empresarial se encuentra inmerso en un proceso de transformación digital e innovaciones tecnológicas que avanzan a una velocidad de vértigo y sobre las cuales deben adaptarse con el único fin de seguir siendo competitivas en un mercado donde existen múltiples alternativas para los clientes finales.

De todos los procesos que podemos encontrar en una empresa logística, el control de las existencias ocupa un lugar estratégico como punto de partida a la hora de intentar buscar un equilibrio entre oferta y demanda y así reducir costos asociados al desabastecimiento o, por el contrario, la acumulación innecesaria de inventarios. Así, debido a la complejidad de control de almacenes donde existen altos volúmenes de mercancías, la utilización de aplicaciones informáticas se ha convertido en una herramienta fundamental para gestionar de manera eficiente las actividades auxiliares relacionadas con el control de existencias. Dichas aplicaciones permiten registrar, procesar y analizar grandes volúmenes de información en tiempo real, garantizando la trazabilidad de los productos, la precisión en los datos y la automatización de tareas rutinarias.

El uso de tecnología en el control de existencias es una práctica cada vez más frecuente.

Cuando hablamos del proceso denominado control de existencias, estamos haciendo referencia a todas aquellas tareas llevadas a cabo para implantar un sistema de supervisión, registro y gestión de flujo de todos los materiales que entran y salen del almacén, para así poder mantener en todo momento un nivel de *stock* óptimo que equilibre los gastos de gestión y los de almacenaje.

Por ello, para lograr la mayor eficiencia en el control de las existencias, es preciso ejecutar una serie de tareas auxiliares como son la recepción y verificación de mercancías, el etiquetado, el registro en el sistema, el almacenamiento, la preparación de pedidos y la elaboración de informes. Estas actividades, aunque de carácter operativo, son fundamentales para que la gestión de inventarios sea precisa y confiable.

Volviendo al mundo empresarial actual, fuertemente marcado por la globalización y uso de tecnología, hay que señalar que los procesos anteriormente mencionados han evolucionado dejando atrás los procedimientos manuales para incorporar el uso de aplicaciones informáticas que automatizan los procesos, reducen errores humanos y facilitan la toma de decisiones basada en datos.

De este modo, las empresas logísticas cuentan hoy con una amplia gama de herramientas informáticas adaptadas a diferentes tamaños y necesidades:

Hoja de cálculo (Excel/Calc)	- Se trata de un medio empleado en empresas de pequeño o mediano tamaño para el registro de datos, control de *stocks* mínimos o máximos y representación de gráficos. Supone el primer paso en la informatización, es económico pero está sujeto al control humano, por lo que pueden aparecer errores cuando el volumen de registro es alto.
Programas de gestión de inventarios	- Son programas diseñados para gestionar los inventarios como *Stock Control* o *AlmaceNet*, ya que realizan tareas como registrar entradas y salidas de productos, controlar niveles de *stock*, gestionar proveedores y generar reportes automáticos.
Sistemas ERPi	- Los sistemas ERP integran en una sola plataforma la información de diferentes áreas de la empresa (compras, ventas, contabilidad, recursos humanos, etc.), incluyendo la gestión de inventarios, aportando datos fiables y en tiempo real.
App móvil y aplicaciones en la nube	- El beneficio de esta alternativa radica en su acceso desde cualquier dispositivo que tenga acceso a internet, por lo que resulta de gran utilidad para aquellas empresas que dispongan de una red de almacenes, ya que la actualización de datos es simultánea.

 SABÍAS QUE...

Los sistemas ERP se encuentran muy extendidos por todos los continentes, siendo los más conocidos y comercializados SAP, Oracle NetSuite, Odoo, Microsoft Dynamics 365 y Sage.

Todas estas herramientas son de gran ayuda a la hora de gestionar el inventario y mantener un exhaustivo control de los diferentes tipos de existencias que puede haber en el almacén, desde materias primas hasta productos terminados. Por ello, el uso de tecnología e informática reporta una gran serie de beneficios a las empresas:

- **Precisión y reducción de errores.** Al tratarse de un proceso automatizado, los errores derivados de la mano de obra se reducen, mejorando la fiabilidad de los datos.
- **Ahorro de tiempo y recursos.** Automatizando todos los procesos que son repetitivos, el personal queda liberado para otro tipo de actividades enfocadas en el análisis y propuestas de mejora.
- **Disponibilidad de información en tiempo real.** Los responsables del almacén y de la gestión empresarial pueden conocer el estado del inventario de forma inmediata, facilitando la toma de decisiones.
- **Trazabilidad y control de calidad.** Los sistemas informáticos permiten obtener información en cualquier momento de la cadena logística, desde la entrada hasta la salida del almacén, lo que es fundamental para la seguridad y el cumplimiento normativo.
- **Integración con otros procesos empresariales.** Al estar conectadas con áreas como compras o ventas, las aplicaciones favorecen una planificación más eficiente y una mejor coordinación interdepartamental.
- **Optimización del espacio y reducción de costes.** Con los datos registrados, el sistema informático aporta información sobre aspectos como la rotación de los productos o los niveles de *stock,* lo que puede ayudar a la toma de decisiones a la hora de reestructurar la zona de almacenaje.

Ya que las aplicaciones informáticas han optimizado el control de las existencias dentro de la operativa de los almacenes, informatizando tareas que antes se realizaban de manera convencional, es necesario conocer el alcance de estas herramientas en las actividades auxiliares presentes en los procesos logísticos:

Recepción y verificación de mercancías
- Mediante la lectura de códigos de barras, etiquetas de radiofrecuencia o códigos QR, es posible automatizar la entrada de mercancías en el almacén y su revisión cualitativa.

Ubicación y almacenamiento
- Los sistemas informáticos diseñan o asimilan los espacios destinados al almacenaje de manera que asignan automáticamente los productos en función del criterio establecido, agilizando tanto su colocación como su localización.

Continúa en página siguiente >>

<< Viene de página anterior

Control de caducidades y lotes
- Una vez registrado los productos en la zona de recepción, los aplicativos del almacén pueden contabilizar las fechas de caducidad de los productos y lotes de producción para dar salida de manera ordenada y no incurrir en costos por la pérdida de mercancías.

Preparación de pedidos
- Los programas generan órdenes de pedido a los operarios de manera secuenciada para optimizar los recorridos dentro del almacén y disminuir los tiempos de preparación.

Inventarios periódicos
- El empleo de tecnología en los inventarios físicos reduce los tiempos de ejecución mediante el registro de datos de manera inalámbrica.

Emisión de informes y estadísticas
- Con cualquiera de las operaciones realizadas, el sistema informático puede generar automáticamente distintos reportes sobre existencias, variaciones en la rotación, faltantes o sobrantes.

Además, es importante incidir en que el avance tecnológico es un proceso continuo que no entiende de interrupciones y se encuentra constantemente inmerso en la búsqueda de innovaciones que mejoren las actuales tecnologías y ayuden a las empresas a mejorar sus recursos y ser más eficientes.

En este sentido, cabe mencionar las tendencias que están siendo probadas y que, seguramente, no tardemos en encontrarnos en diferentes almacenes a la hora de llevar a cabo el control de las existencias:

- **IA.** La inteligencia artificial es una herramienta capaz de prever la demanda de un producto a través de la detección de patrones de consumo, lo que ayudará a determinar los niveles de *stock* necesarios.
- **IOT.** El internet de las cosas emplea sensores conectados que registran en tiempo real la ubicación, temperatura o estado de los productos.
- **RFID.** La radiofrecuencia aplicada al etiquetado es un sistema que permite la lectura de los códigos sin necesidad de contacto directo, lo que puede agilizar procesos como la recepción y la expedición de mercancías.
- **Robótica.** En aquellas labores donde las acciones son repetitivas, el empleo de robótica resulta de gran utilidad, asegurando en todo momento la continuidad de las actividades.

- **Integración.** Se trata de sistemas informáticos que comparten información con plataformas de comercio electrónico, sincronizando de manera instantánea información entre ventas en línea e inventario físico.
- ***Big data.*** Sistema con el que llevar a cabo un procesamiento masivo de información para tomar decisiones estratégicas basadas en datos históricos y proyecciones futuras.

 ## ACTIVIDAD COMPLEMENTARIA

2. Realiza un análisis sobre las nuevas tendencias presentes en los almacenes para el control de existencias. ¿Cuáles son las más empleadas?

Por todo esto, la incorporación de aplicaciones informáticas en las actividades auxiliares del control de existencias representa un paso fundamental hacia la modernización y eficiencia de los procesos logísticos. Estas herramientas permiten automatizar tareas, reducir errores, optimizar recursos y disponer de información precisa en tiempo real. En un entorno empresarial cada vez más competitivo, la capacidad de gestionar el inventario de manera eficaz se traduce en una ventaja estratégica, ya que asegura la disponibilidad de productos, mejora el servicio al cliente y reduce los costos operativos.

Sin embargo, el éxito de la informatización depende no solo de la tecnología utilizada, sino también del factor humano: la capacitación, el compromiso y la correcta utilización de las herramientas por parte del personal.

 ## VÍDEO

Los almacenes de Amazon emplean un sistema de preparación de pedidos donde el operario dispone de un puesto fijo realizando las mismas tareas en todo momento, ya que es el producto el que se mueve entre las diferentes áreas de la cadena logística. Por ello, están implantando robots que puedan desempeñar esta función de manera automática y el empleo de IA como se puede observar en el siguiente vídeo:

Continúa en página siguiente >>

<< Viene de página anterior

https://redirectoronline.com/3070040201

Por último, otro aspecto de vital importancia relacionado con el control de existencias es la correcta elaboración de la información resultante de dicho proceso, a fin de conseguir reducir errores organizativos y de carácter administrativo y facilitar la toma de decisiones de ámbito logístico dentro del almacén.

Es en este punto donde aparecen las aplicaciones de ofimática, como son los procesadores de texto y las mencionadas anteriormente hojas de cálculo, puesto que son los medios más empleados en los almacenes para gestionar, registrar y comunicar información de forma clara, estructurada y precisa relacionada con los distintos movimientos de mercancías y las operaciones que de ellos se derivan.

En primer lugar, en cuanto a los procesadores de texto, son programas diseñados para crear, editar y compartir documentos escritos como es el caso de Microsoft Word, LibreOffice Writer o Google Docs. En el contexto del almacén, esta herramienta es empleada para gestionar los siguientes documentos:

Procedimientos y manuales	- Estos documentos recogen los pasos que hay que seguir en las diferentes operaciones del almacén como la recepción, el almacenamiento, la expedición o el inventario, con el objetivo de estandarizar al máximo todas las tareas.
Formularios	- Se trata de diferentes plantillas donde poder registrar movimientos de mercancías, control de equipos, entregas y devoluciones.

Continúa en página siguiente >>

<< Viene de página anterior

Informes	- Estos documentos se generan en diferentes espacios de tiempo para recoger información sobre diversos aspectos como el nivel de existencias, incidencias, cumplimiento de objetivos o auditorías de *stock*.
Comunicaciones internas	- Se trata de un canal escrito de comunicación cuando es preciso generar circulares a los empleados para informar sobre cambios relativos a la política de empresa, horarios o procedimientos.

Además, los procesadores de texto presentan distintas funcionalidades que son de gran ayuda dentro de la organización del almacén:

- ⮞ **Tablas.** La creación de tablas permite organizar diferentes datos relacionados como códigos de productos, cantidades o ubicaciones.
- ⮞ **Estilos.** El empleo de estilos permite crear documentos estructurados según las diferentes operaciones que se vayan a registrar.
- ⮞ **Diagramas.** Son representaciones gráficas de diferentes procesos mediante figuras geométricas donde cada una de ellas posee un significado concreto.
- ⮞ **Plantillas.** Disponer de plantillas para elaborar documentos ahorra tiempo y conlleva una estandarización.
- ⮞ **Combinación de correspondencia.** Esta aplicación permite generar etiquetas de productos o correspondencia masiva con datos de inventario o proveedores.

El diagrama de flujo representa diferentes procesos mediante figuras para la estandarización de procesos.

VÍDEO

Buscando que los empleados de un almacén desempeñen sus labores de igual manera, el diagrama de flujo es una herramienta que se emplea para representar procesos mediante el uso de figuras que poseen un significado. En el siguiente enlace podrás conocer la simbología de los diagramas de flujo:

https://redirectoronline.com/3070040202

Por otro lado, las hojas de cálculo son una herramienta que permite a los almacenes operar con datos numéricos para realizar diferentes operaciones o crear gráficos que permitan registrar datos de forma automatizada para poder analizar. Los programas más empleados son *Microsoft Excel, LibreOffice Cal* y *Google Sheets,* y son de gran utilidad para los almacenes a la hora de registrar, analizar y controlar la información de inventarios.

En este sentido, podemos destacar las funciones más útiles que presentan estos programas en el día a día de un almacén:

Inventario maestro	- Se trata del registro de todos los productos del almacén junto con todos los datos relativos a ellos como su código, descripción, unidad de medida, precio unitario, proveedor, *stock* mínimo, *stock* máximo y existencia actual.
Control de entradas y salidas	- Mediante las denominadas fichas de almacén se registra cada movimiento de mercancías, actualizando el inventario automáticamente mediante fórmulas.
Seguimiento de pedidos	- Los datos registrados en las fichas del almacén permiten controlar los pedidos pendientes, las fechas de recepción y las cantidades solicitadas.

Continúa en página siguiente >>

<< Viene de página anterior

Valoración del inventario	- Insertando las fórmulas o funciones adecuadas, las hojas de cálculo pueden contabilizar el valor económico de las mercancías empleando métodos como el FIFO o el precio medio ponderado.

Además, al igual que en el caso de los procesadores de texto, los programas que generan hojas de cálculo también ofrecen una serie de funcionalidades avanzadas para automatizar y optimizar el control del almacén:

- **Fórmulas y funciones.** Se trata de aplicaciones que permiten operar de manera automática y generar diferentes indicadores. Por ejemplo, las más conocidas y de mayor utilidad son las denominadas funciones SUMA, BUSCARV, SI, CONTAR y PROMEDIO.
- **Tablas dinámicas.** Facilitan el resumen de grandes volúmenes de información, permitiendo analizar las existencias por tipo de producto, proveedor o ubicación.
- **Gráficos.** Mediante el empleo de gráficos de barras, lineales y circulares, entre otros, permiten representar el comportamiento de las existencias o la rotación de producto.
- **Formato condicional.** Se trata de una función a través de la cual se puede aplicar color o advertencias automáticas cuando el *stock* está por debajo del nivel mínimo o cerca de la fecha de vencimiento.
- **Macros.** Esta función permite la creación de pequeños programas que actualizan inventarios, generan reportes o exportan información automáticamente.

Las hojas de cálculo son una herramienta esencial para el control de existencias.

En resumen, la correcta utilización de los procesadores de texto y hojas de cálculo garantiza que la información del control del almacén sea elaborada de forma ordenada, estructurada, clara y precisa. Estas herramientas permiten registrar, analizar y presentar los datos de manera profesional, optimizando la gestión de inventarios y facilitando la toma de decisiones. Su dominio representa una competencia técnica indispensable en cualquier entorno administrativo o logístico moderno.

 ACTIVIDAD 3

La empresa TecnoDistrib, S. L., está modernizando su sistema de gestión de almacenes. El responsable de logística ha pedido al nuevo técnico en gestión administrativa que:

- Registre las entradas y salidas de productos en tiempo real.
- Genere informes automáticos con el *stock* disponible y las roturas de *stock*.
- Presente un informe mensual ordenado y claro sobre la evolución del inventario, utilizando herramientas ofimáticas accesibles para todo el personal de oficina.

El técnico debe decidir qué herramientas emplear para cumplir con ambas tareas: la gestión operativa y la presentación de la información. ¿Qué combinación de herramientas es la más adecuada para cumplir con las dos funciones descritas (gestión del almacén y presentación de informes)?

5. Resumen

En términos generales, el control de inventario supone una herramienta para las empresas con la cual intentar conseguir un equilibrio entre la oferta y la demanda de sus clientes, entre los gastos de gestión y los de almacenamiento, además de representar los bienes físicos en posesión y un indicador del desempeño operativo de la organización.

Por este motivo, los almacenes deben planificar este proceso y emplear sistemas bien definidos para alcanzar los objetivos planteados. Así, al hablar de inventario estamos haciendo referencia a diferentes tareas relacionadas entre sí con el fin de asegurar la disponibilidad de los productos en el momento y en la cantidad solicitada. Entre estas actividades destacan la recepción de mercancías, el almacenamiento adecuado según criterios de ubicación, la preparación de pedidos y la salida controlada de productos hacia clientes o puntos de venta.

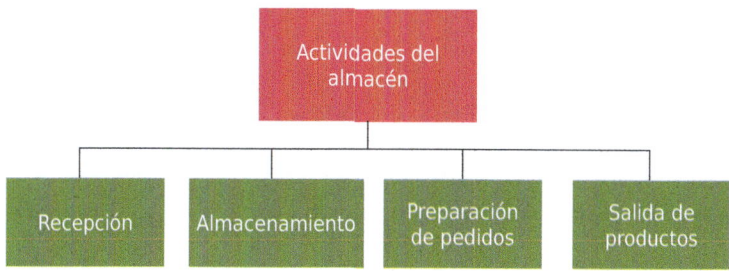

En cada una de estas etapas se generan documentos técnicos que facilitan la trazabilidad y el control de los bienes, tales como hojas de inventario, partes de incidencia, órdenes de entrada, *picking list* y solicitudes de reaprovisionamiento. El uso adecuado de estos documentos permite identificar discrepancias, registrar incidencias, controlar caducidades y planificar reposiciones, reduciendo así pérdidas y errores que podrían afectar a la operación.

Así, debido a la complejidad que conlleva la realización de inventarios y la gestión de existencias, las empresas logísticas se encuentran en un momento en que están optando por la informatización y digitalización de sus procesos mediante la implantación de innovaciones tecnológicas.

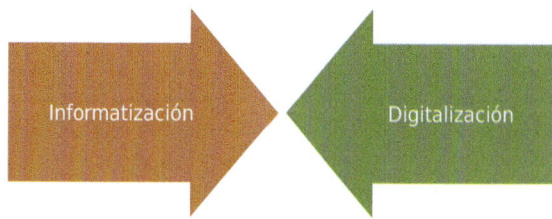

No obstante, la adopción de estas tendencias también presenta desafíos importantes. La implementación de tecnología avanzada requiere inversiones significativas y personal capacitado para operarla y mantenerla. Además, la dependencia de sistemas digitales aumenta la exposición a riesgos de ciberseguridad y a interrupciones operativas en caso de fallas tecnológicas.

En síntesis, los sistemas y procesos de inventario constituyen el pilar de la gestión logística de cualquier empresa. Su correcta implementación permite mantener niveles óptimos de *stock,* reducir costos, mejorar la eficiencia operativa y garantizar la satisfacción del cliente final.

Ejercicios de autoevaluación
Unidad de Aprendizaje 2

1. Se trata de los recursos materiales necesarios para el funcionamiento de la producción pero que no forman parte del producto:

    a. Materias primas.
    b. Productos en curso.
    c. Productos terminados.
    d. Materiales auxiliares.

2. El inventario que el proveedor deja en las instalaciones del cliente, pero cuya propiedad sigue siendo del proveedor hasta que se utiliza o se vende, se denomina...

    a. ... en planta.
    b. ... en consignación.
    c. ... en tránsito.
    d. ... en almacenes externos.

3. ¿Qué inventario se mantiene intencionadamente para aprovechar oportunidades futuras, como compras anticipadas a buen precio o previsión de escasez en el mercado?

    a. Inventario de seguridad.
    b. Inventario estacional.
    c. Inventario muerto.
    d. Inventario especulativo.

4. ¿Cómo se llaman los almacenes de los puntos de venta que abastecen directamente al cliente final?

    a. *Retail.*
    b. Central.
    c. Tránsito.
    d. Regulador.

5. El inventario llevado a cabo por familias de productos, por artículos que tengan la misma rotación, por pasillos, etc., se llama...

    a. ... cíclico.
    b. ... continuo.
    c. ... periódico.
    d. ... anual.

6. Determina si la siguiente oración es verdadera o falsa: "El PGC (Plan General Contable) establece la obligación de que las empresas presenten al menos dos inventarios al año con el fin de justificar los movimientos de mercancías y su valoración económica".

    ■ Verdadero
    ■ Falso

7. El programa que integra en una sola plataforma la información de diferentes áreas de la empresa se denomina...

    a. ... SGA.
    b. ... ERP.
    c. ... MRP.
    d. ... SAP.

8. ¿Cómo se denomina el sistema que emplea sensores conectados que registran en tiempo real la ubicación, temperatura o estado de los productos?

    a. IA.
    b. IoT.
    c. RFID.
    d. *Big data*.

9. Determina si la siguiente oración es verdadera o falsa: "Microsoft Excel es un programa diseñado para crear, editar y compartir documentos escritos".

    ■ Verdadero
    ■ Falso

10. Relaciona cada documento con su definición:

     a. Parte de incidencia
     b. Hoja de inventario
     c. Ficha de almacén
     d. *Picking list*

     __ Se trata de un registro individual o por pedidos de las distintas entradas y salidas de estos y las existencias resultantes.
     __ Documento generado a raíz de la aparición de cualquier imprevisto para informar sobre este y el motivo de su aparición.
     __ Se trata del documento que recoge los productos que deben ser preparados y registrados para entregarlos al cliente final.
     __ Documento en formato papel o digital donde se registran las cantidades físicas contadas de cada producto, su ubicación y cualquier observación pertinente.

Control de inventario y protocolos de actuación

Contenido

Objetivos

Los objetivos específicos de esta Unidad de Aprendizaje son:

→ Garantizar la correcta gestión, control y optimización del inventario mediante la aplicación de protocolos de actuación estandarizados.
→ Asegurar la disponibilidad, trazabilidad y uso eficiente de los recursos materiales.
→ Identificar las normas básicas de un plan de emergencia para la protección del personal, las instalaciones y los bienes de una organización.

1. Introducción

Debido a la enorme importancia que tiene todo aquello relacionado con los inventarios en las diferentes empresas y, especialmente, en los almacenes, el diseño y empleo de protocolos resultan imprescindibles a la hora de alcanzar la eficiencia que se pretende.

Al referirnos a protocolos, nos estamos refiriendo a la planificación y establecimiento de procedimientos estandarizados para las distintas tareas llevadas a cabo en el interior de un almacén, tales como la recepción, almacenaje y distribución, entre otras. La implementación de estos protocolos facilita la toma de decisiones, la coordinación entre áreas y el cumplimiento de normativas internas y externas.

En el ámbito logístico, lograr altos niveles de eficiencia y efectividad depende en gran medida del exhaustivo control realizado sobre las mercancías almacenadas y del cumplimiento de los protocolos de actuación claramente definidos. En este sentido, es preciso que los trabajadores conozcan todas las normas, procedimientos y responsabilidades que van a guiar su comportamiento ante situaciones del día a día o ante aquellas derivadas de imprevistos e incidencias a los largo de los procesos de la cadena logística.

Por lo tanto, implementar protocolos adecuados no solo garantiza la disponibilidad de productos, sino que también previene pérdidas, deterioros y errores administrativos. Además, fortalece la trazabilidad, la seguridad laboral y el cumplimiento normativo de la empresa.

En este sentido, Saray, como técnica del almacén, tiene que estar al corriente de todos los protocolos existentes en su almacén con el fin de garantizar que todos los trabajadores a su cargo desempeñen sus tareas de la misma manera, ya que uno de los objetivos de los protocolos es conseguir que los procesos sean ejecutados de una manera concreta independientemente de quien los lleve a cabo.

2. Normas básicas de actuación en caso de emergencias

☞ **HILO CONDUCTOR**

El inventario es uno más de los numerosos procesos que hay en la actividad diaria de un almacén. Por ello, existen diferentes escenarios o situaciones que pueden aparecer y ante las cuales los trabajadores deben saber cómo actuar. Así, Saray tiene que tener conocimiento de los protocolos implementados en los procesos ejecutados para así reaccionar de la manera adecuada ante diferentes contextos.

Tal y como ya se ha explicado, el control de inventarios es el proceso sistemático mediante el cual se planifica, registra y supervisa el flujo de materiales dentro de una organización, el cual busca garantizar que los productos estén disponibles en las cantidades adecuadas, en el momento oportuno y con el costo óptimo.

Por ello, a la hora de hablar de control de inventarios es preciso saber que existen diferentes áreas o departamentos cuya incidencia en el proceso es de vital importancia. En este sentido, es importante integrar en la gestión del inventario elementos de logística, contabilidad, producción y tecnología, requiriendo protocolos de actuación que unifiquen criterios entre las diferentes áreas de la empresa.

Así pues, los objetivos que persigue la implantación de protocolos en los procesos del almacén se centran en aspectos como controlar el nivel de existencias, reducir el número de deterioros u obsolescencias, mejorar la rotación de los productos y su disponibilidad, cumpliendo en todo momento con las normas de calidad y seguridad establecidas. En este sentido, la importancia de estos protocolos de actuación puede resumirse en los siguientes aspectos:

Estandarización	- Los protocolos establecen pasos claros y uniformes para cada tarea, reduciendo la improvisación y los fallos en la ejecución.
Trazabilidad	- Los protocolos facilitan el registro de los movimientos de mercancías a lo largo de toda la cadena de suministro.

Continúa en página siguiente >>

<< Viene de página anterior

Responsabilidades	- Determinan quién debe actuar, cómo y cuándo, asegurando una correcta coordinación entre los miembros del equipo y evitando duplicidades.
Cumplimiento	- La implantación de protocolos garantiza que todas las operaciones sean llevadas a cabo bajo el cumplimiento de la normativa vigente.
Respuestas	- Al contar con procedimientos previamente definidos, el personal puede actuar con eficacia y seguridad ante imprevistos, reduciendo tiempos de reacción y posibles daños.

Asimismo, es importante decir que los protocolos van a ayudar a los almacenes a garantizar el orden y control de todas sus operaciones, además de fortalecer su sistema ante fraudes, pérdidas o desabastecimientos.

Por otra parte, los protocolos existentes en las empresas no se limitan exclusivamente a describir los procedimientos que deben seguirse en la ejecución de los procesos, sino que también reflejan los valores y principios que sustentan la cultura organizacional. Por ello, podemos resumir los principios fundamentales que rigen los protocolos de actuación del siguiente modo:

- **Exactitud.** Los protocolos se basan en información verídica y actualizada, lo que evita errores que pueden afectar al control del inventario y a la ejecución de tareas.
- **Seguridad.** Los protocolos deben incluir medidas preventivas y correctivas que minimicen riesgos físicos, materiales y de información, asegurando un entorno laboral confiable.
- **Prevención.** La implantación de protocolos está dirigida a la puesta en marcha de mecanismos que actúen ante posibles fallos, desviaciones o emergencias.
- **Transparencia.** La implantación de protocolos garantiza que todas las acciones y registros sean verificables, auditables y estén debidamente documentados.

SABÍAS QUE...

La norma ISO 45001:2023 – Sistema de Gestión de Seguridad y Salud en el Trabajo es la norma internacional más importante en materia de prevención de riesgos laborales. Establece un sistema de gestión que ayuda a las organizaciones a identificar peligros, evaluar y controlar riesgos, cumplir con la legislación vigente y fomentar la mejora continua en seguridad y salud ocupacional.

ACTIVIDAD COMPLEMENTARIA

3. Realiza un análisis de la importancia del control de inventarios dentro de una empresa. ¿Cuáles son los procedimientos empleados que ayudan a mejorar el control de inventarios y reducir errores o pérdidas?

Por lo tanto, en función de las actividades y procesos que existen en el almacén, es necesario implementar protocolos de actuación para regular cada una de las tareas, ya que, mediante el seguimiento de pautas claras y definidas, se reducen los errores humanos, se optimizan los tiempos de trabajo y se asegura que los materiales o productos mantengan sus condiciones adecuadas hasta su entrega o uso final.

Además, los protocolos en los procesos del almacén permiten mantener la coherencia y la calidad en las actividades logísticas, al tiempo que facilitan la supervisión y la evaluación del desempeño operativo. Su correcta implementación contribuye al cumplimiento de normativas internas y legales, promueve la responsabilidad del personal y refuerza la cultura preventiva dentro de la organización. En conjunto, estos procedimientos se convierten en una herramienta clave para garantizar la eficiencia, la seguridad y la sostenibilidad de la gestión de inventarios.

De este modo, como el inventario se encuentra presente en los distintos procesos que se desempeñan en el interior de un almacén, es necesario implantar protocolos específicos de actuación para cada uno de ellos:

◑ **Recepción de mercancías:**

◔ **Objetivo.** El protocolo persigue garantizar la exactitud de la entrada de productos, verificando que los materiales recibidos coincidan con los pedidos en cantidad, calidad y condiciones.

◔ **Procedimiento:**

- ⇕ Verificar orden de compra y documentos de transporte.
- ⇕ Inspeccionar embalaje y condiciones físicas.
- ⇕ Contar y pesar los artículos recibidos.
- ⇕ Registrar entrada en el sistema informático.
- ⇕ Etiquetar y ubicar según categoría y lote.
- ⇕ Reportar incidencias al área de compras o calidad.

◔ **Actuaciones.** Si se detectan daños, faltantes o productos no conformes, se debe emitir un reporte de recepción no conforme y notificar inmediatamente al proveedor y al responsable del área de almacén.

◑ **Almacenaje de mercancías:**

◔ **Objetivo.** La finalidad del protocolo de almacenamiento radica en asegurar la correcta conservación, identificación y ubicación de los productos almacenados.

◔ **Acciones:**

- ⇕ Organizar el almacén según tipo de producto, rotación y peligrosidad.
- ⇕ Mantener condiciones ambientales adecuadas (temperatura, humedad, limpieza).
- ⇕ Utilizar estanterías, palés y señalizaciones.
- ⇕ Registrar movimientos en tiempo real.
- ⇕ Implementar políticas de rotación.

◔ **Seguridad.** El personal debe usar equipos de protección individual, respetar las zonas restringidas y cumplir con las normas de manipulación segura.

◑ **Control y conteo físico:**

◔ **Objetivo.** Verificar que las existencias físicas coincidan con los registros contables o del sistema.

◔ **Procedimientos:**

- Planificar inventarios periódicos o cíclicos.
- Designar equipos de conteo y supervisión.
- Cerrar temporalmente el movimiento de productos.
- Realizar conteo manual o con dispositivos electrónicos.
- Conciliar resultados y registrar diferencias.

- **Acciones.** Toda diferencia debe ser analizada y justificada; si no existe causa aparente, se inicia una auditoría interna para determinar responsabilidades.

- **Expedición y distribución:**

  - **Objetivo.** Asegurar que la salida de mercancías sea exacta, oportuna y registrada correctamente.
  - **Procedimientos:**

    - Revisar la orden de pedido y su autorización.
    - Preparar productos según destino y tipo de transporte.
    - Embalar, rotular y documentar la salida.
    - Registrar en el sistema y emitir comprobantes.
    - Coordinar la entrega con logística o transporte.

  - **Acciones.** En caso de error, se documentará el incidente, se realizará el ajuste de inventario y se aplicarán las medidas correctivas pertinentes.

Los muelles del almacén son el lugar donde ocurre la expedición de las mercancías.

Otro de los aspectos que deben tratarse e incluirse a la hora de establecer los protocolos son los numerosos riesgos existentes en el almacén derivados de las distintas actividades realizadas, como pueden ser incendios, caídas, robos o errores en la manipulación de los productos. Por ello, el personal del almacén debe ser formado en todos aquellos aspectos relacionados con la seguridad y delimitar las zonas de trabajo con el objetivo de que cada área cumpla con las normativas de seguridad y señalización correspondientes.

La señalización es uno de los aspectos incluidos en la prevención de riesgos laborales.

Además, resulta importante ejecutar diferentes controles tecnológicos para lograr la eficiencia en el control de inventarios, como la implementación de sistemas de videovigilancia o sensores de movimiento. De esta forma, los protocolos de seguridad no solo resguardan la integridad física de los trabajadores, sino que también garantizan la continuidad de las operaciones de conservación del capital material de la empresa.

Por lo tanto, podemos destacar las siguientes medidas de seguridad industrial y protección de bienes incluidas en los protocolos:

Elementos clave	- Control de acceso al almacén mediante credenciales o sistemas biométricos. - Zonas delimitadas para productos peligrosos o inflamables. - Inspecciones periódicas de estanterías y equipos. - Capacitación en manejo seguro de materiales. - Señalización de rutas de evacuación y puntos de encuentro.
Actuación ante emergencias	- Activar el plan de emergencia. - Detener operaciones y evacuar el área afectada. - Notificar a las autoridades internas. - Proteger documentos y registros digitales. - Realizar inventario de daños tras el evento.

Otro de los aspectos esenciales que deben tratarse en los protocolos establecidos en los almacenes son la pérdida o deterioro de los productos, ya que puede afectar directamente a los costos, a la rentabilidad y a la capacidad de ejecutar operaciones en el almacén. Por ello, la elaboración de protocolos debe incluir medidas como el registro detallado de entradas y salidas, inspecciones periódicas del estado físico de los productos y la correcta rotación del inventario bajo metodologías como PEPS (primero en entrar, primero en salir) o UEPS (último en entrar, primero en salir), según el tipo de mercancía.

Además, es preciso prestar importancia a la aparición de determinadas incidencias e intentar evitar su conversión en tendencias, como es el caso de robos, extravíos o errores administrativos. Para ello, es necesario poner en marcha la realización de auditorías internas o el empleo de tecnología para poder realizar el seguimiento de los productos.

Cuando se identifiquen deterioros o roturas inevitables, estas deben ser documentadas mediante reportes de ajuste y analizarse sus causas para implementar acciones correctivas. También es recomendable capacitar al personal en el manejo adecuado de los productos y fomentar una cultura de responsabilidad sobre el cuidado de los recursos. En conjunto, estos protocolos permiten mantener un inventario confiable, minimizar desperdicios y optimizar la rentabilidad de la organización.

Por todo esto, los protocolos recogen una serie de normas en cuanto al control de pérdidas y deterioros:

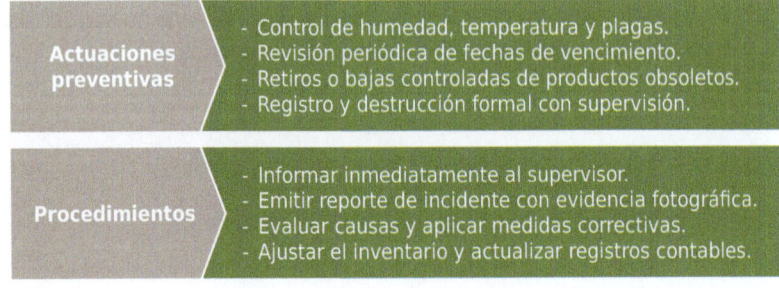

Relacionada con la gestión de las posibles incidencias que puedan aparecer en el flujo logístico de los almacenes, se encuentra la asignación de responsabilidades con el objetivo de que cada miembro del personal conozca con precisión sus responsabilidades dentro del procedimiento. Se trata de definir de manera clara y precisa las tareas específicas que se van a desempeñar, los canales de comunicación que se deben emplear y los tiempos previstos para cada caso concreto.

Todo resulta de vital importancia, ya que garantiza que cada integrante sepa qué hacer, cuándo hacerlo y con qué recursos cuenta, fortaleciendo así la coordinación y el cumplimiento de los objetivos del protocolo. Así pues, los protocolos deben asignar funciones claras a los trabajadores del almacén:

- **Jefe de almacén.** Su labor se centra en supervisar el cumplimiento de los protocolos establecidos en todas las operaciones del almacén, garantizando que se sigan las normas de seguridad, manipulación y control de inventarios.
- **Encargado de inventario.** Sus competencias se centran en el registro de entradas y salidas de los diferentes productos y todo lo relacionado con su operativa, como pueden ser la actualización de dichos registros, detección de diferencias y colaboración con otros departamentos.
- **Personal operativo.** Los trabajadores encargados de las operaciones físicas del almacén deben cumplir estrictamente con las normas de manipulación, seguridad industrial y control de calidad establecidas en los protocolos.
- **Área de compras.** Las personas cuya actividad se encuentra dentro del departamento de aprovisionamiento deben coordinarse con el almacén a la hora de gestionar los pedidos, devoluciones y entregas, asegurando que se cumplan los plazos, especificaciones técnicas y requisitos de calidad.
- **Auditor interno.** Las personas encargadas de realizar esta actividad deben evaluar la eficacia de los controles internos y promover la implementación de acciones correctivas.
- **Gerencia.** Este nivel de dirección es el encargado de aprobar las políticas, presupuestos y mejoras relacionadas con la gestión del almacén y sus procesos operativos, así como supervisar el cumplimiento general de los protocolos y garantizar que existan los recursos humanos, materiales y tecnológicos necesarios.

 SABÍAS QUE...

El organigrama de una empresa es una representación gráfica de los diferentes departamentos que conforman la organización y donde puede apreciarse la estructura jerárquica representada en los tres niveles existentes: estratégico, táctico y operativo.

El organigrama representa los niveles de mando existente en una organización.

Por último, todas las empresas, desde la más pequeña hasta la más importante de las multinacionales, deben incluir y tener presente un plan de emergencias que garantice la seguridad de todos los elementos materiales y humanos presentes en su interior.

Por ello, las normas básicas de un plan de emergencias deben contemplar la capacitación en todo momento del personal en materia de prevención de riesgos laborales, la revisión de los distintos equipos de seguridad e inspeccionar el mantenimiento efectuado en las instalaciones. Además, es imprescindible la actualización constante del plan conforme a nuevas necesidades o riesgos, ya que, de esta manera, la organización no solo cumple con la normativa vigente, sino que fortalece su capacidad de respuesta y protege la integridad de su recurso más valioso: las personas.

Por lo tanto, podemos resumir las normas básicas de un plan de emergencias de la siguiente manera:

◯ Identificación de riesgos:

- ◉ Riesgos de incendio, explosión, derrames, fugas químicas, inundaciones, sismos o fallos eléctricos.
- ◉ Evaluación de vulnerabilidades en las zonas de almacenamiento.

◯ Organización interna:

- ◉ Formación en materia de primeros auxilios, evacuación e incendios.
- ◉ Asignación de roles y responsabilidades.
- ◉ Capacitación periódica del personal.

⊃ **Señalización y equipos:**

- ☝ Instalación de extintores, detectores de humo, salidas de emergencia y botiquines.
- ☝ Mantenimiento preventivo de los equipos de seguridad.
- ☝ Señalización clara de rutas de evacuación.

⊃ **Procedimientos:**

- ☝ Activar la alarma.
- ☝ Interrumpir actividades y evacuar según el plan.
- ☝ Prestar primeros auxilios si es necesario.
- ☝ Comunicar el incidente a las autoridades competentes.
- ☝ Registrar el evento y realizar un informe posterior.

 ACTIVIDAD 4

Una empresa industrial dedicada a la fabricación de equipos electrónicos ha experimentado dificultades en la gestión de su inventario. En los últimos meses, se han acumulado materiales obsoletos en el almacén mientras que algunos componentes esenciales para la producción se agotan con frecuencia. Estas inconsistencias han generado retrasos en la entrega de pedidos, aumento de costos y pérdidas económicas por productos caducados o en desuso.

Frente a esta situación, la dirección decide implementar un sistema de gestión de inventarios automatizado, que permita controlar en tiempo real las entradas, salidas y niveles mínimos de existencias. Además, se establecen políticas de rotación, revisión periódica de inventarios y capacitación del personal en el uso del nuevo sistema.

¿Cuál de las siguientes opciones describe mejor la relevancia del control de almacén en este caso?

a. La gestión de inventarios solo busca reducir la cantidad de productos almacenados para liberar espacio físico.
b. Una correcta gestión de inventarios permite equilibrar el abastecimiento, reducir costos, evitar desperdicios y garantizar la continuidad operativa.
c. El principal objetivo del control de inventarios es eliminar los registros manuales sin analizar su impacto en la producción.
d. La gestión de inventarios se enfoca únicamente en el control contable de los productos almacenados.

TAREA 4

Una empresa dedicada a la fabricación y distribución de productos químicos para la limpieza industrial ha detectado la necesidad de reforzar el control de almacén para mejorar la seguridad, la eficiencia productiva y la distribución comercial.

Debido a la naturaleza de sus operaciones y al riesgo asociado al almacenamiento de sustancias peligrosas, la gerencia ha decidido actualizar su plan de emergencia, con el fin de prevenir accidentes, proteger las instalaciones y garantizar la continuidad del proceso productivo y de distribución.

Tu labor consiste en analizar las situaciones descritas a continuación e identificar qué norma básica del plan de emergencia debe aplicarse prioritariamente en cada caso, justificando brevemente tu elección.

Caso 1

- Durante el turno nocturno, se activa una alarma de incendio en la zona de almacenamiento de productos inflamables.
- El personal desconoce el punto de reunión y se dispersa en diferentes direcciones.
- No se ha realizado un simulacro en los últimos seis meses.

¿Qué acción preventiva del plan de emergencia se debe reforzar para evitar este tipo de desorganización?

Caso 2

- Ocurre un corte de energía durante una tormenta mientras se cargan productos para distribución.
- Algunos empleados intentan evacuar sin seguir las instrucciones del coordinador de emergencias.
- Se genera confusión por falta de comunicación entre el área de almacén y el resto de la planta.

¿Qué norma básica del plan de emergencia ayudaría a garantizar una evacuación ordenada y segura en esta situación, asegurando la protección del personal, las instalaciones y los bienes almacenados?

3. Resumen

Los protocolos de actuación relacionados con el control de inventarios constituyen un elemento esencial de la gestión organizacional moderna, ya que no solo se centran en la gestión de los registros derivados de las entradas y salidas de productos, sino que también incorporan aspectos relacionados con la seguridad de las operaciones, la integridad del personal y la protección del patrimonio empresarial.

El control de inventarios es la herramienta empleada por las empresas logísticas para conocer de la manera más exacta posible las existencias disponibles y, por lo tanto, las necesidades reales de abastecimiento. De esta manera, la empresa puede mantener la continuidad de sus procesos productivos y mejorar su capacidad de respuesta ante la demanda del mercado.

Por otra parte, la implementación de protocolos de actuación y normas de emergencia resulta esencial para proteger tanto al personal como a las instalaciones y los bienes almacenados. Estos protocolos establecen procedimientos claros para enfrentar situaciones imprevistas, minimizando los riesgos y las pérdidas derivadas de accidentes, incendios o desastres naturales.

En resumen, el control de inventarios basado en protocolos bien diseñados y actualizados contribuye directamente a la eficiencia productiva, la sostenibilidad operativa y la competitividad empresarial.

Ejercicios de autoevaluación
Unidad de Aprendizaje 3

1. ¿Cuál es el protocolo que persigue garantizar la exactitud de la entrada de productos, verificando que los materiales recibidos coincidan con los pedidos en cantidad, calidad y condiciones?

   a. Recepción de mercancías.
   b. Almacenaje de mercancías.
   c. Control y conteo físico.
   d. Expedición de mercancías.

2. Facilitar el registro de los movimientos de mercancías a lo largo de toda la cadena de suministro se denomina...

   a. ... trazabilidad.
   b. ... estandarización.
   c. ... cumplimiento.
   d. ... responsabilidad.

3. Embalar, rotular y documentar la salida son procedimientos del protocolo de:

   a. Recepción de mercancías.
   b. Almacenaje de mercancías.
   c. Control y conteo físico.
   d. Expedición de mercancías.

4. ¿Cuál de los siguientes trabajadores tiene como objetivo cumplir estrictamente con las normas de manipulación, seguridad industrial y control de calidad establecidas en los protocolos?

   a. Jefe de almacén.
   b. Encargado de inventario.
   c. Personal operativo.
   d. Auditor interno.

5. El encargado de aprobar las políticas, presupuestos y mejoras relacionadas con la gestión del almacén es...

   a. ... el auditor interno.
   b. ... la gerencia.
   c. ... el área de compras.
   d. ... el área de ventas.

6. Determina si la siguiente oración es verdadera o falsa: "La norma ISO 45001:2018 - Sistema de Gestión de Seguridad y Salud en el Trabajo es la norma internacional más importante en materia de prevención de riesgos laborales".

   ■ Verdadero
   ■ Falso

7. La representación gráfica de la organización de una empresa se llama...

   a. ... flujograma.
   b. ... diagrama.
   c. ... organigrama.
   d. ... histograma.

8. ¿Cuál de los siguientes se considera un elemento clave de las medidas de seguridad industrial?

   a. Activar el plan de emergencia.
   b. Detener operaciones y evacuar el área afectada.
   c. Notificar a las autoridades internas.
   d. Inspecciones periódicas de estanterías y equipos.

9. Determina si la siguiente oración es verdadera o falsa: "Los protocolos de seguridad no solo resguardan la integridad física de los trabajadores, sino que también garantizan la continuidad de las operaciones de conservación del capital material de la empresa".

   ■ Verdadero
   ■ Falso

10. Relaciona cada acción con su protocolo correspondiente:

    a. Recepción de mercancías
    b. Almacenaje de mercancías
    c. Control y conteo físico
    d. Expedición y distribución

    __ Implementar políticas de rotación.
    __ Cerrar temporalmente el movimiento de productos.
    __ Coordinar la entrega con logística o transporte.
    __ Contar y pesar los artículos recibidos.

Glosario

Almacenamiento
Consiste en conservar la mercancía en perfecto estado.

Almacén central
Almacén que centraliza el *stock* de la empresa para distribuir y abastecer a otros almacenes y clientes.

Almacén regulador
Almacén que permite ajustar la oferta a una demanda variable o estacional.

Almacén *retail*
Son los almacenes de los puntos de venta que abastecen directamente al cliente final.

Almacén de tránsito
Almacenes donde la mercancía no es almacenada, ya que es manipulada para su redistribución a diferentes puntos finales.

Big data
Sistema con el que llevar a cabo un procesamiento masivo de información para tomar decisiones estratégicas basadas en datos históricos y proyecciones futuras.

Caja-palé
Palés con al menos tres paredes verticales, fijas o desmontables, provistos o no de tapaderas.

Clasificación ABC
Se trata de un sistema de almacenaje y reposición basado en priorizar aquellos productos en función de su mayor valor o rotación.

Control de inventarios
Es el proceso sistemático mediante el cual se planifica, registra y supervisa el flujo de materiales dentro de una organización.

Coste de mantenimiento
Gasto de recursos que conlleva almacenar mercancías en un espacio de tiempo determinado.

Diagrama de flujo
Representación gráfica de diferentes procesos mediante figuras para la estandarización de tareas.

Existencia
Cantidad real de unidades físicas que hay disponibles de un producto específico en el almacén en un momento determinado.

Ficha de almacén
Registro individual o por pedidos de las distintas entradas y salidas de estos y las existencias resultantes.

Hoja de cálculo
Herramienta que permite a los almacenes operar con datos numéricos para realizar diferentes operaciones o crear gráficos que permitan registrar datos de forma automatizada para poder analizar.

Hoja de inventario
Documento en formato papel o digital donde se registran las cantidades físicas contadas de cada producto, su ubicación y cualquier observación pertinente.

Informe de rotura de *stock*
Documento que evidencia la falta de existencias de un producto, usualmente acompañado de una acción correctiva sugerida.

Inventario
Conjunto de mercancías físicas de las que dispone una empresa para su posterior venta, transformación o empleo en procesos productivos o comerciales.

Inventario de seguridad
Conjunto de productos que la empresa tiene por encima del *stock* mínimo para hacer frente a imprevistos como incrementos de demanda o retrasos en las entregas.

Inventario físico
Supone el recuento manual, unidad por unidad y llevado a cabo por operarios de los productos que se encuentran almacenados en un lugar específico.

Inventario informático
Se trata del resultado de registrar las entradas y salidas de los diferentes productos del almacén, así como sus ubicaciones y cantidades.

Inventario real
Es el resultado del ajuste realizado entre los datos del inventario físico y los datos del inventario teórico o informático.

Just in time
Es una filosofía de trabajo que intenta trabajar sin *stock* o con el mínimo posible, precisando disponer de una alta coordinación con los proveedores y una demanda estable o previsible.

Lead time
Es el periodo de tiempo que transcurre desde que se realiza un pedido hasta que es entregado.

Logística tercerizada
Contar con almacenaje en las instalaciones de otra empresa por necesidad de espacio o estacionalidad de productos.

MRP
Programa que permite a las empresas planificar su producción y calcular el número de materiales necesarios para cada producto.

Muelles

Lugar del almacén donde ocurre la expedición de las mercancías.

Obsolescencia
Momento en que un producto pierde su utilidad para la cual fue fabricado por diferentes motivos.

Orden de entrada
Documento que respalda la recepción de mercancías provenientes de proveedores o de otras áreas de la empresa.

Organigrama
Es una representación gráfica de los diferentes departamentos que conforman la organización y donde puede apreciarse la estructura jerárquica.

Parte de incidencia
Documento generado a raíz de la aparición de cualquier imprevisto para informar sobre este y el motivo de su aparición.

Picking list
Documento que recoge los productos que deben ser preparados y registrados para entregarlos al cliente final o a otra área o almacén de la empresa.

Procesador de texto
Programas diseñados para crear, editar y compartir documentos escritos.

Productos auxiliares
Recursos materiales necesarios para el funcionamiento de la producción pero que no forman parte del producto final.

Productos en curso
Productos que se encuentran inmersos en un proceso de fabricación.

Productos terminados
Mercancías que son el resultado de un proceso de transformación de materias primas.

Protocolos
Planificación y establecimiento de procedimientos estandarizados para las distintas tareas llevadas a cabo en el interior de un almacén, tales como la recepción, almacenaje o distribución, entre otras.

Punto de pedido
Se trata de un cálculo que determina un nivel de existencias concreto, denominado *stock* mínimo, en el cual generar una orden de reabastecimiento.

Rack
Estanterías que almacenan productos cuyo embalaje consiste en un palé.

Registro de ubicaciones
Informe que muestra dónde se encuentran ubicados los productos en el almacén y que resulta muy útil a la hora de localizarlos para poder inventariarlos.

Reposición de *stock*
Decisión estratégica de cuándo debemos solicitar un pedido y cuál es la cantidad óptima que debe incluirse en dicha solicitud de compra.

Sistema ERP
Software que integra en una sola plataforma la información de diferentes áreas de la empresa.

Solicitud de reaprovisionamiento
Documento que se emite cuando un producto alcanza su punto de reposición. Es una orden interna que se dirige al departamento de compras.

Soporte de carga
Elementos que se utilizan para guardar, apilar y mover la mercancía.

Stock
Conjunto total de productos o materiales almacenados por una empresa en un momento determinado.

Stock óptimo
Representa el nivel de mercancías que garantiza el cumplimiento de la demanda de los clientes minimizando al máximo los costos asociados.

Surtido
Hace referencia a la diversidad o variedad de productos disponibles en el *stock.*

Bibliografía

Monografías

→ GARCÍA Pérez, R.: *Logística de almacenamiento y control de inventarios.* Madrid: Ediciones Pirámide, 2023.

Presenta un enfoque práctico sobre la organización del almacén, la trazabilidad de productos y la aplicación de tecnologías como códigos de barras o RFID en el proceso de inventario.

→ LÓPEZ Díaz, A. y MARTÍN Carrasco, J.: *Gestión de stocks e inventarios.* Madrid: McGraw-Hill, 2024.

Obra que aborda la planificación, control y valoración de existencias, así como las técnicas de rotación de *stocks*, control ABC y sistemas informáticos de apoyo a la gestión de inventarios.

Textos electrónicos, bases de datos y programas informáticos

→ Infor SGA – Sistema de Gestión de Almacenes, de: <https://www.infor.com/es-es/solutions/scm/warehouse-management>.

Recurso que permite conocer las funcionalidades de un SGA profesional, como el registro de entradas y salidas, inventarios cíclicos y trazabilidad de productos.

→ Técnicas de elaboración de inventarios – Asociación Española RALOG, de: <https://ralog.es/tecnicas-de-elaboracion-de-inventarios/>.

Documento técnico que describe los procedimientos más comunes de inventario, métodos de recuento y control de errores en almacenes automatizados.

Legislación

→ Real Decreto 486/1997, de 14 de abril, sobre disposiciones mínimas de seguridad y salud en los lugares de trabajo.

Regula las condiciones de orden, limpieza, iluminación y ergonomía en los espacios donde se realizan recuentos e inventarios.